Johann Joseph Hoffmann

Volkstümliches aus Schapbach in Baden

Johann Joseph Hoffmann

Volkstümliches aus Schapbach in Baden

ISBN/EAN: 9783743317703

Hergestellt in Europa, USA, Kanada, Australien, Japan

Cover: Foto ©ninafisch / pixelio.de

Manufactured and distributed by brebook publishing software (www.brebook.com)

Johann Joseph Hoffmann

Volkstümliches aus Schapbach in Baden

SCHAPBACH UND SEINE BEWOHNER.

BEARBEITET NACH DEM FRAGEBOGEN ZUR BADISCHEN VOLKSKUNDE.

VON

J. J. HOFFMANN,
SCHAPBACH.

1. ORTSNAME usw.

Schapbach, in einem lieblichen Seitentale der oberen Kinziggegend gelegen, ist eine aus 31 Zinken zusammengesetzte politische Gemeinde, welche mundartlich „Schappen" („im Schappe") genannt wird. Mit den zur politischen Gemeinde Oberwolfach (im Volksmunde auch „Altwolfe"[1]) genannt) gehörigen Zinken Tiefenbach und Zierle bildet Schapbach eine katholische Pfarrei, deren Schutzheiliger der hl. Cyriacus ist. Als Nebenpatrone werden alljährlich der hl. Sebastianus und der hl. Wendelinus verehrt.

Weltlicher Patron (dem der Pfarrsatz zusteht) ist der regirende Fürst von Fürstenberg.

Der Marktverkehr richtet sich nach der 13 km. südlich gelegenen Amtsstadt Wolfach. Die Gemeinde umfasst 2 Schulverbände: Schapbach = Dorf mit 2 Hauptlehrern und Schapbach = Seebach, 3 km. weiter talaufwärts, mit 1 Hauptlehrer. Zum untern Schulverband gehören die Zinken:

1. Am Bühl,
2. Am Felsen,
3. Auf dem Felsen,
4. Bäch,
5. Dorf,
6. Grün (Grü'),
7. Hirschbach (Hirschbe),
8. Holdersbach,
9. Im Tal,
10. In der Höll,
11. Kupferberg ¹/₃,
12. Löchle,
13. Ob dem Dorf,
14. Rinken,
15. Salzbrunn,
16. Schwarzenbruch,
17. Steig,
18. Sulz,
19. Untertal,
20. Vor-Hirschbach (Hirschbe),
21. Vor-Tiefenbach,
22. Vor-Wildschapbach,
23. Wildschapbach (W-Schappe),
24. Winkel.

---

[1] Sepp, wo nus? he, welleweg e weng in d' alt Wolfe na'!

Außer diesen 24 Schapbacher Zinken gehören zum Schulverband Sch-Dorf, noch von der Gemeinde Oberwolfach die Zinken: Tiefenbach und Zierle.

Zum obern Schulverband Seebach gehören 7 ½ Zinken, nämlich

1. Glaswald,
2. Kupferberg ½,
3. Schmidsberg,
4. Seebach,
5. Settig.
6. Obertal,
7. Unter-Seebach,
8. Vor-Seebach.

2. FLURNAMEN usw.

Im Jahre 1824 wurde durch Lostrennung von Schapbach die politische Gemeinde Rippoldsau errichtet. Nach dieser Teilung umfasste die Gemarkung Schapbach noch ein Gelände von 3849 ha. 66 ar 75 qm., welche sich auf 104 Gewanne mit folgenden *Flurnamen* verteilen:

1. Am Bühl,
2. „ Felsen,
3. „ hintern Kupferberg,
4. „ Kupferberg,
5. „ Kellersgrund,
6. „ Klausbühl,
7. „ Lehwald,
8. „ Schmidsberg,
9. „ Schwarzenbruch,
10. „ Segenberg,
11. „ Teuscheneck,
12. „ Waldkopf,
13. „ Weihereckle,
14. An der Holzeck,
15. „ „ Schab,
16. „ „ Seeebene,
17. „ „ Steig,
18. Auf dem Felsen,
19. „ „ Schwarzenbruch,
20. Beim Dorf,
21. „ Hinterweiher,
22. „ Rinken,
23. Besserung,
24. Bruderhalde,
25. Ecke,
26. Erlengrund,
27. Freiersbach,
28. Freiersberg,
29. Fritschenäckerle,
30. Gantersbach,
31. Gausberg,
32. Glackstein,
33. Grün,
34. Hausmatt,
35. Hohbach,
36. Hohwyhl,
37. Heidenstadt,
38. Herzenbach,
39. Hilsenteil,
40. Hinterer Glaswald,
41. „ Hirschbach,
42. „ Kammelbrunn,
43. „ Schempbach(Schembe),
44. Hirschbachloch,
45. Hirschbachstieg,
46. Hundskopf,

47. Im Brieschapbach
    (Br-Schappe),
48. „ Doblenbach,
49. „ Dorf,
50. „ Gierisloch,
51. „ Salzbrunnen,
52. „ Seebach,
53. „ Seeben,
54. „ Settig,
55. „ Tal,
56. „ Waldgrund,
57. „ Wildschapbach
    (W-Schappe),
58. „ Winkel,
59. In der Bäch,
60. „ „ Bast,
61. „ „ Höll,
62. „ „ Klause (Kluse),
63. „ „ Schliff,
64. „ „ Sulz,
65. Kesslersgrund,
66. Klausbühl,
67. Klausenhalde,
68. Kohwald,
69. Kraiennest,
70. Löchle,
71. Mittelreute,
72. Mittlerer Hirschbach,
73. „ Holdersbach,
74. „ Kupferberg,
75. Muller,

76. Ob dem Endweg,
77. Obermeierseckle,
78. Ochsenmatte,
79. Rappengrund,
80. Rappenmatte,
81. Rauhalde,
82. Sailstock,
83. Sattellege,
84. Schappenberg,
85. Schlegelsgrund,
86. Seeben,
87. Seeben-Almend,
88. Seehalde,
89. Steinhag,
90. Sulzberg,
91. Sulzhalde,
92. Tal-Almend,
93. Untermeierseckle,
94. Unter-Seebach,
95. Untertal,
96. Vor-Hirschbach,
97. Vor-Seebach,
98. Vor-Tiefenbach,
99. Vor-Wildschapbach,
100. Vorderer Holdersbach,
101. „ Kammelbrunn,
102. „ Kupferberg,
103. „ Schempbach
    (Schembe),
104. Wanne.

Bachnamen:

1. Bächbächle,
2. Brieschapbächle,
3. Dohlenbächle,
4. Fegersbächle,
5. Freiersbach,
6. Gantersbach,
7. Hirschbach,
8. Holdersbach,
9. Kesslersbächle,
10. Kohgrundbächle,
11. Kühnersbach,
12. Rutschengrundbächle
    (Rütschete),
13. Salzbrunnbächle,

14. Schempbach (Schembe),
15. Schierlebächle,
16. Seebach,
17. Settigbächle,
18. Sulzbächle,
19. Tiefenbach,
20. Wildschapbach (W-Schappe),
21. Wildsee,
22. Wolf.

Die Flussnamen gelten in der Regel auch für Tal und Zinken; z. B. Wildschapbach, Seebach, Hirschbach, Holdersbach, Tiefenbach, Dohlenbach usw. mit Ausnahme des Hauptbaches „die Wolf," deren Tal man gemeinhin „Schapbachertal" nennt; einen Zinken „Wolf" oder „Wolfbach" usw. gibt es in der Gemeinde nicht.

3. FAMILIEN- UND TAUFNAMEN.

Man kann von Schapbach behaupten, dass so ziemlich alle Haushaltungen mehr oder weniger mit einander verwant sind, namentlich die Hofbauernfamilien.

Greifen wir deshalb ein tatsächliches Beispiel aus der Wirklichkeit heraus, unter Bezugnahme auf die nachverzeichneten 14 Höfe:

Bächhof, Hanseleshof, Hanschristleshof, Bühlhof, Zollerhof, Aloiseshof, Disleshof, Waideleshof, Maierhof, Polterhof, Künstleshof, Bernardshof, Dieterleshof, Winkelhof.

Von diesen 14 Hofbesitzern war der alte Bühlbauer der Bruder zum Winkelbauer. Die Tochter des letztern ist die Frau seines Brudersohnes (des jungen Bühlbauern). Der junge Bühlbauer aber ist der Bruder des Bächbauern und dessen Frau die Schwester des Zollerbauern und der Aloisesbäuerin. Desgleichen sind der Hanselesbauer, der Dieterlesbauer und die Winkelbäuerin Geschwister; ebenso die Künstlesbäuerin, die Hanselesbäuerin und Hanschristlesbäuerin. Der Zollerbauer, Bächbauer, Aloisbauer und Bühlbauer sind Schwäger unter sich und teilweise wieder zum Maierbauer, Dislesbauer und Waidelesbauer. Der Bernardsbauer ist väterlicherseits mit dem Polterbauer und Künstlesbauer und mütterlicherseits mit dem Dieterlesbauer und durch Heirat seiner zahlreichen nachgeborenen Geschwister noch mit der halben Gemeinde verwant. Aus dem Gegebenen ist soviel zu entnehmen, dass die Hofbauern durchweg nur unter sich heiraten. Hoferben, welche mehrere Geschwister abzufinden haben, können wol auch nicht anders.

Der Umfang der Verwantschaft zeigt sich am deutlichsten in den vorherrschenden Familiennamen. Es gibt nämlich nach dem Stande vom 19. Oktober 1893 in Schapbach (einschließlich der selbständigen über 25 Jahre alten männlichen Personen):
57 Familien Armbruster, 20 Familien Dieterle, 20 Familien Schmieder, 15 Schmid, 13 Herrmann, 10 Waidele, 10 Weiß, 8 Lehmann, 7 Wiegand, 7 Künstle, 6 Müller, 6 Schoch, 5 Harter, 5 Heizmann, 4 Bächle, 4 Bühler, 4 Echle, 4 Günter, 4 Rauber, 3 Brüstle, 3 Dreher, 3 Hoferer, 3 Schrempp, 3 Welle, 3 Zanger, 2 Bruder, 2 Börsig, 2 Faißt, 2 Fritsch, 2 Groß, 2 Huber, 2 Kienle, 2 Rosenfelder, 2 Schnurr, 2 Vetter, 2 Zimmermann.

ferner:

je 1 Familie Borho, Braitsch, Decker, Gant, Haser, Hauer, Herr, Herzog, Hoffmann, Jehle, Leuthner, Nopper, Reinberger, Roth, Stöhr, Knapp, Spengler, Sum, Ziegler.

Ausgestorbene oder abgegangene Familiennamen, welche sich vor 100 Jahren noch im Bürgerbuch und den Schatzungslisten vorfanden, sind:

Allgayer † 1847, Seebacher † 1854, Eisenmann † 1825, Oberföll † 1865, Kiefer † 1873, Uhl † 1845, Sassauer † 1859, Faller † 1876, Lambrecht † 1862, Dimmler † 1850, Sutterer † 1852, Neuburger † 1856, Holzer † 1889, Winterer † 1879, Seifritz † 1876, Esslinger † 1889, Teurer, Gigi, Leise, Rink, Finkenzeller, Fleisch, Albrecht, Gebele, Kaspar, Gieringer.

Manche Namen haben sich in der Schreibweise im Laufe der Zeit vollständig verändert. So z. B. finden sich in den Verzeichnissen des vorigen Jahrhundert die Namen:

Hörmann, deren Nachkommen sich heute Herrmann schreiben; ferner: Ginterer, jetzt Günter, Drajer, jetzt Dreher.

Unter 270 Mannspersonen nannten sich (19. 10. 93): 25 Johannes (Hannes), 20 Josef, 15 Anton (Toni), 13 Severin (Sever), 12 Andreas (Andres, Räser), 11 Karl, Wilhelm, 10 Markus (Marx), 9 Tobias (Tobes), 7 Philipp, 6 Matthias (Mathis), Leopold (Polder), 5 Franz, Friedrich (Fritz), Lorenz (Lenz), 4 Bernhard, Daniel, Euseb, Valtin, Gordian (Gorde), Alois, 3 Augustin, Engelbert, Hermann, Georg (Jörg), Wendelin (Wendel), Jakob, 2 Cölestin (Zöli), Elias, Eduard, Ludwig (Lui), Peter, Vincenz, Kilian, Cyriak (Jox), Gottfried, Benedikt;

ferner je 1

Alban, August, Emanuel, Gottlieb, Konstantin (Kunstel), Leander, Kosmas, Matthäus (Matheis), Nikodemus (Demes), Roman (Romme), Erhard, Seraphin, Franz Sales (Franzalis), Heribert, Konrad, Simon, Klemens, Albin, Januar, Christian (Christl), Lukas, Xaver, Albert, Pankraz, Adolf, Salomon, Remigius (Remmich), Leo, Ambros (Brosi), Basilius (Basile), Martin (Marte), Sebastian (Basche), Valerian (Valeri), Desider (Dessi), Fridolin (Fridl), Jonas, Max, Pius, Stephan (Steffe), Ferdinand (Ferdi), Michael (Michl), Gregor (Gori), Markarius (Markard), Egidius (Egide), Norbert (Bertes), Oswald, Otto, Julian (Julle), Amand.

Unter 100 Schulmädchen befanden sich:

13 Paulina (Pauli), 9 Theres, 7 Franziska, Amalia, 6 Helena (Heli), 5 Auguste, Marianne, 4 Magdalena (Madle), 3 Elisabeth (Lisbeth), Thekla, Euphrosyna (Euphrosi), Sophie, Frieda, 2 Cäcilia (Zäzl), Johanna, Anna, Luise (Luwise), Brigitte, Rosa, Klara, je 1 Agatha (Agad), Justina (Justi), Antouie, Amanda, Rosina (Rosi), Karolina (Karli, Lina), Anastasia (Stas), Genovef, Hermina (Mine), Stephanie, Viktorie, Bertha, Katharina (Kätheri), Emma, Veronika (Verone). Dies sind Schülerinnen der Schule Schapbach-Dorf. In der obern Schule, Schapbach-Seebach, finden sich Hirlanda, Jukunde, Hermengild, Eudoxia usw., weil die dortigen Kinder meistens je nach ihrem Geburtstag auch nach dem betr. Kalendernamen (Tagesheiligen) getauft und benannt werden.

4. HAUSBAU usw. (Heinersbauernhof.)

Unfern des Gasthauses zum Ochsen erblickt man auf der dem Bache gegenüberliegenden Berghalde ein altes, wetterfestes Bauernhaus, dessen gewaltiges Strohdach an der Bergseite bis auf den Boden herabreicht. Bei genauer Besichtigung bemerkt man, dass dem ursprünglichen Gebäude im Laufe der Zeit einige kleinere Anbauten beigefügt wurden. Die letzte derartige Erweiterung geschah aber schon vor mehr als 100 Jahren unter des jetzigen Besitzers Urgroßvater. Ueber dem steinernen Torbogen am Eingang des „neuen" unmittelbar hinter dem Hauptbau errichteten Kellers befindet sich nämlich eine Inschrift vom Jahre 1778 mit dem Hofzeichen (Hausmarke) des Heinersbauernhofes, welches auch auf den Grenzsteinen eingegraben ist, und womit der Bauer auch sein Holz auszeichnet.

Das Hauptgebäude ist aber gut 200 Jahre älter als dieser Keller und wir haben es hier mit einem der ältesten Höfe des Schapbachertales zu tun. Wie alle Bauernhäuser hiesiger Gegend, ist auch der Heinersbauernhof nur einstöckig, indem der als Stallung benutzte steinerne Unterbau nicht als Stockwerk gerechnet wird.

Wohnung, Scheuer, Stall usw. befinden sich zusammen unter einem Dach und zwar so, dass der Giebel gegen die Straße gerichtet ist. Mit Ausnahme des Unterbaues ist das ganze Gebäude aus Tannenholz gezimmert, sogar die Nägel sind von Holz. Nur Grundschwellen und Eckpfosten sind von Eichenholz. Das Vorderhaus besteht aus Flecken (Bohlen), der Hinterbau dagegen aus eingeschobenen Dielen. Das Dach ist an der Giebelseite auf $1/2$ abgewalmt und zwar so, dass oben eine dreieckige Dachlucke offen bleibt. Besondere Zierraten am Dachfirst oder den Toren kommen nur noch in ganz vereinzelten Fällen, am Heinersbauernhof dagegen gar nicht vor. Was nun die innere Einteilung des Hofes betrifft, so haben wir zunächst drei Haupträume ins Auge zu fassen, nämlich:

1. Das Erdgeschoss,
2. Den Wohnraum und
3. Die Bühne (Speicher).

Das *Erdgeschoss* mit ebenem Eingang an der Tal-Giebelseite durch drei gewölbte steinerne Torbogen, umfasst ebensoviel längs parallel neben einander liegende Abteilungen, rechts den Rindviehstall (Kühe, Kalbinnen, Kälber usw.); links den Ochsenstall mit Pferdestand und in der Mitte den Futterraum. Den Abschluss bilden der Streuschopf und die Schweinställe.

Durch eine hölzerne Stiege an der linken Traufseite gelangt man zu dem *Wohnraum*. Auf der Höhe des ebenfalls seitwärts einmündenden Hausganges (Hasgang) setzt sich die Treppe als vom Dach geschützter äußerer Gang bis zum Tor in die Futterscheuer fort, wo solcher dann eben in den Boden der Berghalde ausmündet. Der eigentliche Hausgang ist ziemlich dunkel und durchzieht den innern Raum in einem rechten Winkel. Dem Haupteingang gegenüber befindet sich die Türe zur eigentlichen Wohn- oder Bauernstube, wo das Essen eingenommen wird und sich Bauer und Gesinde („Völkere") in der freien Zeit gemeinsam aufzuhalten pflegen. Die ganze Breite der beiden Außenwände ist mit niedrigen Schieberfenstern versehen, von je 30 Scheiben. Das Eck, wo die beiden Fenster zusammenstoßen, nennt man den Herrgottswinkel, weil dort das Kruzifix hängt. Der schmale Raum zwischen Fenster und Decke ist mit Heiligenbildern (Tafeln) behängt und unter den Fenstern zieht sich der ganzen Länge nach je eine Bank hin. Der Tisch steht im Herrgottswinkel. Am andern Eck (aber in gleicher Linie mit dem Tisch) befindet sich der große Kachelofen, der mit ganzen Holzscheiten von der Küche aus geheizt wird. Um die drei Seiten des Ofens stehen Bänke. Fast neben diesem ragt der große Kunstherd von der Küche ebenfalls in die Bauernstube herein. Vor diesem steht eine Bank mit Polsterunterlage (Strohsack) worauf der Bauer sein Mittagsschläfchen abhält, während sichs Söhne und Knechte auf den Ofenbänken bequem machen. Durch einen Wandschieber steht die Stube unmittelbar mit der Küche in Verbindung, vornehmlich zur Hereinreichung der Speisen. Auf der Eingangsseite befindet sich gleich neben der Türe der Weihwasserkessel und daneben die Schwarzwälder Uhr mit hölzernem, hohem Uhrengehäuse. Vorn am Fenstereck ist ein Eckkästchen. Zwischen diesem und dem Uhrenkasten führt die Türe zum engern Familienzimmer, zugleich Herrenstube und Schlafzimmer der Bauernfamilie. Am obern Ende, inmitten des Zimmers stehen nebeneinander die Betten des Bauern und der Bäuerin und davor das Ruhebett; rechts neben den Betten befindet sich ein Schrank (meistens Glasschrank) und links eine Kommode und darauf so eine Art Hausaltar (Christus- und Muttergottesstatuen usw.). Der Kachelofen wird vom Hausgange aus geheizt. Das Schlafzimmer springt an der Giebelseite um einen Meter weiter vor als die Wohnstube und hat ebenfalls eine Fensterreihe gegen die Straße hin. Eine Türe führt auf den Hausgang. Desgleichen führt auch vom Wohnzimmer aus auf der Tischseite eine Tür nach dem Küchenanbau, dessen eine Hälfte, wenn nötig als Krankenzimmer, sonst aber als Gemüse- und Vorratskammer benutzt wird. An derselben Wand, neben dieser Kammertüre, ist ein Wandkästchen, das sog. „Kösterle." An demselben sowie an der Fensterverkleidung sind schmale Lederriemen befestigt, in welche die Knechte und Mägde ihre Löffel und Gabeln hineinstecken, und über diesen hängen die Strählltaschen, worin die Haarkämme aufbewahrt werden.

Einer der merkwürdigsten Räume in diesem Geschoss ist unstreitig die Küche. Trotzdem sich ein gewaltiger Rauchfang über dem großen Kunstherd wölbt, ist die ganze Decke der „Kuchi" kohlschwarz von Glanzruß, und von ihr herab hängen die Speckseiten von gut 10 schweren Mastschweinen. Bekanntlich wird im Schwarzwald nicht wie im Unterland das Rauchfleisch in Braten geschnitten und so geräuchert, sondern das Schwein wird der Länge nach mitten durchgehauen, Kopf und Beine abgetrennt, und in die Beize gelegt. Dann werden die zwei Hälften frei in der Küche aufgehangen. Sodann wird der Rauchabzug verhindert und die Küche in dichten Qualm versetzt und auf diese Weise das Fleisch geräuchert, daher auch Decke und Wände von Ruß erstarren. Rings an den Wänden stehen Küchenschränke, Schafte, ein Mehltrog, Tisch und im Küchenanbau der Brunnen mit der Milchkammer. Drei Ausgänge führen teils nach der Gemüsekammer, dem Hofe und auf den Hausgang.

Unmittelbar an die Küche, aber mit dem Eingang vom Hausgange aus, stößt die Knechtekammer an. Auf der entgegengesetzten Seite liegt das Schlafzimmer für die Mägde (Wiwerevölker) und daneben die sog. Rumpelkammer, worin auch die Spinnräder aufbewahrt werden. Unmittelbar an die Wohnräume, und zwar in gleicher Flucht reihen sich die Wirtschaftsräume an. Letztere stehen durch eine Treppe mit dem Erdgeschoss (den Ställen) in Verbindung. Vom Hausgang tritt man durch eine mit einem T förmigen Holzriegel verschließbare Türe direkt in die Futterscheuer, und diese steht wieder unmittelbar nebst der anstoßenden Heuscheuer (Heuloch genannt) mit der Bühne in Verbindung. Fast turmhoch ragen die Heustöcke durch das offene Gebälk bis zur „Horhowete" (obere Bühne, im Unterland auch Katzenlauf genannt) empor. Wohnräume und Bühne stehen im Innern ebenfalls durch eine schmale steile Stiege mit einander in Verbindung. Der eigentliche Eingang zur Bühne geht außen von der Bergseite aus, wo man mit Ross und Wagen längelang durch den ganzen Oberbau fahren kann. Das abgewalmte Dach springt auf dieser Seite 7 Meter weit über den eigentlichen Giebel vor und bildet so eine Art Vorhalle, die man Einfahrt (Jfahrt) nennt. Hier lagern Pflüge, Schlitten, Karren, Farnstreu, Garbenseiler und andere dergleichen Dinge. Von da tritt man in die eigentliche Bühne, die den ganzen weiten Raum von einem Giebel bis zum andern einnimmt und beiderseits durch das Dach begrenzt wird. Die vordere offene Giebelseite ist zu Zeiten mit Garben zugesetzt. Nur durch ein einziges Fenster, freilich mit 48 kleinen Scheiben, das an einer Verschalung am rechten Eck angebracht ist, fällt dann Licht in diesen Raum. Rechts und links sind die Oehmd- und Strohvorräte aufgeschichtet und der Windmühle (Wannmühl), Dreschmaschine, Futterschneidmaschine, den Sieben, Jochen, Dreschflegeln, Fruchtzübern, Fruchtkörben (Wannen), dem Strohstuhl und Kurzfuttertrog ihr Platz angewiesen. Dazwischen lagern allerlei Kleingeschirre und Wagnerholz zu Schlittenbäumen. Ein Futterloch führt von der Bühne hinab bis zum Futterraum im Erdgeschoss. Der mittlere Teil der Bühne wird als Tenne zum Dreschen benutzt.

Die ganze Außenseite des Holzbaues ist mit Schindeln geschützt. Bei Neubauten werden infolge von amtlichen Belehrungen jetzt meist Falzziegel zur Eindeckung benutzt und ebenso überall Kamine angebracht. Nur an ganz alten Höfen finden sich noch die runden bleigefassten Butzenscheiben.

Die Kellerräume befinden sich, wie schon eingangs erwähnt, im Anbau und bestehen aus dem Erdäpfelkeller, dem Gemüse- und dem Weinkeller. Etwas abseits vom Bauernhaus befindet sich in uraltem Baustil noch ein Nebengebäude, welches nur Speicher und Keller enthält. Vor diesem liegt das Wasch- und Backhaus. Eine Rauchabzugsvorrichtung gibts darin aber nicht, der Rauch muss seinen Ausweg durch die Türe und Dachlucke suchen. Meistens befindet sich darin auch noch die Brennerei zur Herstellung des berühmten Schwarzwälder Kriesenwassers. Vor dem Hause befindet sich ein laufender Brunnen mit der Viehtränke.

Die reichlichen Holzvorräte lagern teils unaufbereitet in Beugen im Freien beim Hause, teils klein gespalten unter den Stiegen und auf der Bühne. Eine weitere Reihe von Schweinställen ist im sog. „Sauhus" untergebracht, das durch einen Gang mit der Kuchi in Verbindung steht. Auf einzelnen, namentlich weit vom Dorfe entlegenen Höfen befinden sich noch besondere große Kruzifixe oder Bildstöcke, auf dem Hanselesbauernhof sogar eine vollständig kirchlich ausgestattete Kapelle.

Dem hierbeschriebenen Heinersbauernhof gegenüber, auf der andern Talseite dicht an der Straße liegt das zum Hofe gehörige, im neuern Stil erbaute „Libdig" oder Leibgedinghaus, in welches sich der Besitzer nach der Hofübergabe zurückzuziehen pflegt. Der Heinersbauernhof nimmt unter den Schapbacher Hofgütern die 18. Stelle ein. Er umfasst nämlich: 77 ha. 55 ar 96 qm, das ist: 215 badische Morgen, 1 Viertel und 74 Ruten.

5. HAUSMARKEN.

Die Grenz- oder Marksteine heißt man in Schapbach = Lochensteine. Auf den Lochensteinen der Hofbauern sind vielfach deren Hofzeichen (Holzzeichen, auch Familienwappen) eingegraben. Jede Hofbauernfamilie führt ein eigenes Wappen, das auch zur Unterscheidung der Hölzer auf gemeinsamen Holzlagerplätzen auf alle von denselben Höfen kommenden Stämme (Klötze usw.) eingeritzt wird. [Es sind lineare Zeichen, wie man sie aus dem bekannten Werke von Homeyer kennt. Vgl. Tafel.]

6. VOLKSTRACHT.

Obwol so zu sagen jedes Tal, ja fast jeder Ort bezüglich der Tracht seine besonderen Eigentümlichkeiten aufweist, sind es im Wolfacher Bezirk namentlich zwei größere Talgemeinden, welche in malerischer Tracht die Norm bilden. Es sind dies *Gutach* und *Schapbach*. Ersteres ist die protestantische, letzteres die katholische Bekleidungsweise. Während in den protestantischen Trachten mehr das Ernste, Dunkle, also vorweg Schwarz vorherrscht, begegnet man in den katholischen Orten ausnahmslos hellen, bunten Farben. Rot sind fast durchweg die kurzen Röcke der schmucken Töchter des Schapbachtales; aber auch himmelblau und smaragdgrün zählt zu den Lieblingsfarben.

In dem Gutacher Tale treffen wir die eigentümlichen gelben Strohhüte der Weiber mit den dicken, roten wollenen Blumen darauf, und die dunkeln, vielfaltigen kurzen Röcke mit kurzer Taille.

Wie die Gutacher, ist auch die Kirnbacher Tracht. Die Weiber tragen auf den flachen, tellerförmigen Hüten schwarze Bollen.

Im Schapbacher Tal tragen die Frauen schwarze Hauben, welche vorne einen feinen schwarzen Spitzenbesatz, hinten einen teuren golddurchwirkten Boden (Kappendeckel) haben. Ueber Kappe und Ohren wird (im Winter) ein handbreit zusammengefaltetes Taschentuch gebunden, je nach den Verhältnissen aus Seide oder Baumwolle. Auf manchen Bildern sieht man Schapbacher Frauen auch mit gelbem Strohhut, der mit roten Wollrosen geschmückt ist, abgebildet. Dieser ist aber jetzt völlig in Abgang gekommen. Im Sommer tragen Frauen und Mädchen einen breiten aber ganz flachen Strohhut, der zugleich als Regen- und Sonnenschirm dient (Räge- und Sunnedächli). Desgleichen tragen sie ein nach oben offenes kurzes Mieder, welches am untersten Ende zusammengehalten wird. Der untere Saum desselben läuft in einen enganschließenden fingersdicken Gurt (Wulst) aus, welcher den Rock zu tragen hat. Unter diesem Gurt hängen beiderseits die Zipfel des bunten Halstuches hervor, welches vorne kreuzweise über die Brust geschlungen wird und worüber sich ein breiter, weißer Spitzenkragen legt. Die Hemdärmel sind weit, kurz und schließen mit einem engen Spitzensaum. Der Rücken des Mieders besteht aus einem buntfarbigen Stoffe. Schulter und Brust ist mit roten Schleifen und die Verschnürung durch hübsche Bänder verziert. An den Sonntagen, sowie im Winter kommt dazu ein schwarzer Spenser, roter, auch andersfarbiger, meist blauer Rock, helle gestreifte (blaue oder grüne) Schürze (Fürtuch genannt) mit breitem Schurzbande, blaue, rotgezwickelte Strümpfe und Laschenschuhe.

Am „Fäscht" (Patrocinium), „Herrgottstag" (Fronleichnam), den „Monatssonntagen" (erster Sonntag eines jeden Monats), den „Frauentagen" (Marienfeiertagen), sowie bei Prozessionen, Bauernhochzeiten und Jungferbegräbnissen tragen die Mädchen den jungfräulichen Ehrenschmuck, das „Tschäppl." Es ist dies eine niedliche Krone von Perlen und Glaskrystallen, welche durch zwei rote Bänder auf dem Kopfe befestigt ist. Die Enden der langen, frei über den Rücken herabhängenden Flechten sind mit gelben Schlüpfchen geziert, während die breiten roten Tschäpplbänder fast bis zum Boden herabhängen.

Gefallenen Mädchen ist diese Ehrentracht nicht gestattet. Beim Begräbnis einer Jungfrau erscheinen die Tschäppljungfern

in weißen Schürzen mit weißen Bändern. Frauen und Mädchen
schlingen die Zöpfe kranzförmig um den Kopf. Während des
Brautstandes hängen die Flechten frei über den Rücken herab.
Leider herrscht fast durchweg die Unsitte, die Haare straff
nach hinten zusammenzuziehen, so dass man oft Frauen im
besten Alter halb kahlköpfig antreffen kann.

Die Tracht der Männer, „das Häs", besteht aus dem
schmalkrempigen, halbhohen schwarzen Filzhut, schwarzem
Halstuch, steifem, aufrechtstehendem Hemdkragen, früher rot-
eingefasster, dunkelgrauer (jetzt gewöhnlich schwarzer) Tuch-
juppe oder rotbraunem gestrickten Tschoben, karrirter (früher
roter) Weste — Gilet genannt —, schwarzen Kniehosen, weißen
oder blauen Strümpfen und kurzen Stiefeln oder Laschen-
schuhen.

An Festtagen tragen die Mannsleute einen langen schwarzen Rock mit farbigem Futter. Trägt der Bauer Laschenschuhe,
so schließen die Hosen dicht unter den Knieen mit einer
Schleife ab, trägt er dagegen Stiefel, so sind diesen an der
Außenseite der Strupfen mit den Hosen zusammengeknüpft.
Wie in der Gemeinde Schapbach, so ist die Tracht durchweg
im ganzen Schapbacher Tal dieselbe. Bei den Bewohnern ent-
legener Höfe tritt sie aber am reinsten, und bei den Weibern
allgemeiner als bei den Männern auf.

[7. 8.]
9. b KINDERREIME usw.

Guten Tag, Herr Gärtnersmann,
Haben Sie Lavendel?
Rosmarin und Tymian
Und ein wenig Wendel?

Ja Madam, das haben wir
Drunten in dem Garten.
Möcht Madam so gütig sein
Und ein wenig warten.

Gustel! bring den Stuhl herein
Mit den gold'nen Spitzen!
Möcht Madam so gütig sein
Und ein wenig sitzen!
Gustel, zieh den Stuhl hinweg,
Und die Madam liegt im Dreck.

1, 2, Papagei!
3, 4, Muggestier!
5, 6, liebe Hex!
7, 8, Dohlebach!
9, 10, Brumbeer!
11, 12, Apfelschelf!
13, 14 süeße Nuss; ich bin drinn —
Und du bist druss.

Reihe, Reihe, Rose,
Bebe trage d'Hose,
Maidli trage schöni Röck
Uf eimol liege all im Dreck.

Reihe, Reihe, Rose,
d'Küechli muess mr blose,
Liege, liege in de Pfanne,
Krache alli, alli z'samme:
Hockeli, hock, hock. hock!

Reihe, Reihe, Rose,
Schöni Aprikose
Schöni Maidli setze sich,
Mamma! Pappa! — ringle, ringle, hoppsassa!

Bärwele wu bisch geschtern gsi?
Z' Offeburg im Lade.
Wer isch au dört bi dr gsi?
E Regiment Soldate.
Was hesch kromet?
Haselnuss un Bohnet.

Eins, zwei, drei,
Bicke, backe, bei,
Bicke, backe, Pfanneschtiel,
's isch e Büebli in der Mühl,
's hett e wißes Hüetli uf,
's leit e nüer Pfenni druf,
Drei, sechs, nü,
Du muesch si!

Auf einem blauen Kirchhof
Da lag ein blauer Stein,

Wer diesen Stein gestohlen hat,
Der nimm sich eine 'rein (eine von den mit-
spielenden Mädchen).
Vidirallala, Vidirallala usw. (singt und tanzt
das Mädchen in mitten des Kreises
mit dem eingetretenen; dann spricht
das zweite:)
A. Ich knie dir zu Füßen,
B. Das halbe (oder deshalben?) musst du büßen!
Vidirallala, Vidirallala usw.
Ich gebe dir die Hand
Zum Zeichen treuer Pfand
Vidirallala, Vidirallala usw.
Mach dich fort, du garstigs Ding;
Ich mag nicht mit dir tanzen.
Vidirallala, Vidirallala usw. (wegspringen).

König (auch Heli) auf der Wiesen
Sieben Jahre schießen,
Acht Jahre rumpelebumm,
Fräulein Manda dreht sich rum,
Fräulein Manda hat sich dreht,
Hat der Katz ihrn Schwanz abdreht.
(Mit Umdrehung und Wiederholung).

Macht auf das Tor, macht auf das Tor,
Ich komm mit einem Wagen.
Wer sitzt darin, wer sitzt darin?
Ein Mann mit rotem Kragen.
Was will er denn, was will er denn?
Er will die Anna holen.
Was hat sie denn, was hat sie denn?
Die Anna hat gestohlen.
(Wiederholt sich).

Hoppe, hoppe, Rössli
Dort obe schtoht e Schlössli,
Dort obe schtoht e Käpeli,
D' Maidli trage Tschäppeli,
D' Buebe trage d' Maie,
D' Henne lege d' Eier,
D' alte Wieber nehmet s' us
Un mache en guete Dotsche drus.

:,: Wollt ihr wissen :,: wies die jungen Mädchen machen?
:,: Puppen wiegen :,: heisa, heisa, Puppen wiegen.
:,: Wollt ihr wissen :,: wies die jungen Knaben machen?
:,: Trommel schlagen :,: heisa, heisa, Trommel schlagen.
:,: Wollt ihr wissen :,: wies die jungen Damen machen?
:,: Glöckle drehen :,: heisa usw.
:,: Wollt ihr wissen :,: wies die jungen Herren machen?
:,: Schnurrbart wichsen :,: heisa usw.
:,: Wollt ihr wissen :,: wies die alten Weiber machen?
:,: Kaffee trinken (saufen) :,: heisa usw.
:,: Wollt ihr wissen :.: wies die alten Männer machen?
:,: Tuback schnupfen :,: heisa usw.

Es kommt ein Herr mit eim Pantoffel, ade, ade, ade!
(oder: vivat la patrie!)
Was will der Herr mit eim Pantoffel? „ „ „
Der Vater soll nach Hause kommen! „ „ „
Was soll der Vater zu Hause tun? „ „ „
Er soll ein kleines Brieflein schreiben. „ „ „
Was soll in diesem Brieflein stehen? „ „ „
Wir wollen die schöne Rosa haben! „ „ „
Schön Röschen, das bekommt ihr nicht! „ „ „
Dann holen wir sie nachts heraus! „ „ „
Dann schließen wir die Türe zu! „ „ „
Dann schlagen wir die Fenster ein! „ „ „
Dann machen wir die Läden zu! „ „ „
Dann stecken wir das Haus in Brand! „ „ „
Dann geben wir Schön Röschen her! „ „ „

(Jetzt bilden die spielenden Parteien einen Kreis, wobei Röschen in der Mitte steht; dann singen alle:)

Fräulein Rosa hat ihr Sach
Ausgezeichnet gut gemacht
Und den Kranz gewonnen.
Morgen ist ihr Hochzeitstag
Erstens in dem Garten,
Zweitens in dem Laden,
Drittens in dem Kämmerlein,
Wo die schönsten Jungfraun sein.

(Wiederholung: Es kommt ein Herr mit zwei Pantoffel usw.)

1, 2, 3, 4, 5, 6, 7, 8, 9,
Knecht, hol Wein!
Magd, schenk ein!
Herr, sauf aus!
Pack dich zum Loch hinaus!

1, 2, 3, 4,
Auf dem Klavier
Da liegt ein Ding,
Das macht: kling, kling!

(Fangspiel).
Fuchs, was tust du in meinem Weingarten?
Trauben fressen!
Wenn aber der Schütz kommt?
Do sin Löcher guug. (Reißt aus).

Blauer, blauer Fingerhut
Steht den Mädchen gar zu gut.
Mädchen, du musst tanzen
In dem grünen Kranze,
Mädchen, du sollst knien,
Eines zu dir ziehen.
Armer Has, was fehlet dir?
Klag nur deine Schmerzen mir,
Has hieb! Has hieb!

Mein Vater hat ein Garten kauft,
Hier ein Garten, da ein Garten.
Ist das nicht ein schöner Garten?
In dem Garten da ist ein Nest,
Hier ein Nest, da ein Nest,
Ist das nicht ein schönes Nest?
In dem Nest da ist ein Ei,
Hier ein Ei, dort ein Ei,
Ei, das ist ein schönes Ei!
In dem Ei da ist ein Dotter,
Hier ein Dotter, da ein Dotter,
Ist das nicht ein schöner Dotter?
In dem Dotter ist ein Tisch,
Hier ein Tisch, da ein Tisch,
Ei, das ist ein schöner Tisch!

In dem Tisch liegt ein Brief,
Hier ein Brief, da ein Brief,
Ist das nicht ein schöner Brief?
In dem Brief steht geschrieben,
Hier geschrieben, da geschrieben:
Brave Kinder soll man lieben!

Dida,Deida,Säckle,volleKriesestei!
Morn kummt de Vadder hei';
Was we' mr koche?
Herdäpfelschnitz un Knoche!

(Hex im Keller.)
Muetter, i möcht gern en Aepfel!
Gang nuntin Keller un hol dr ein.
's isch awer e Hex im Keller!
Allo, Bäwele, gang mit.
's isch awer e Hex danne!
I will emol selwer mit i.
O, des isch jo nu so ne alts Stoßfaß!
Kumme, gen e weng schpazire.
Muetter, 's zupft mi eber!
Mi au, mi au, mi au!
O, des isch jo nu de Wind.
Au, jetzt zupft mi's awer selwer!
(Jetzt schauen alle hinter sich und rufen:)
O, d' Hex, d' Hex!
(Jetzt fragt die Hexe:)
Wu gohts noch Rippoldsau?
Do nuus!
Wu gohts noch Wolfe? (Wolfach)
Do nuus!
Wu komme denn ihr her?
Vu Wittgene (Wittichen).
Ja, was hent ihr dört g'macht?
Wi gesse un Weckli trunke!
Wu gohts ins Hexeland?

(Mit dem Ruf: D' Hex, d' Hex! springen jetzt alle auseinander.)

Der schlaue Fuchs.

Mutter: Kinder kommt!
Kinder: Wir kommen nicht.
M. Was fürchtet ihr denn?
K. Den schlauen Fuchs.
M. Wo ist er denn?
K. Im hintern Busch.
M. Was frisst er denn?
K. Das grüne Gras.
M. Was trinkt (sauft) er denn?
K. Die süße Milch.
M. Kinder kommt!
(Alle Kinder springen und das, welches gefangen wird, muss beim Weiterspielen Fuchs sein.)

9. f ORTSNECKEREIEN.

Den Bewohnern der benachbarten Gemeinde Oberwolfach (talabwärts) wird der Spitzname „*Schnitzpuper*" beigelegt, wogegen die Oberwolfacher die Schapbacher mit dem Uebernamen „*Käfzchekneller*" belegen.

Im untern Tale war nämlich der Obstbau schon weit früher in Blüte und Betrieb als weiter oben, wo derselbe erst später allgemein in Aufnahme kam.

Von Oberwolfach konnte man deshalb Schnitze von Edelobst bekommen, während in Schapbach und dessen Seitentäler die besseren Sorten noch weniger gepflanzt wurden. Es herrschte somit zwischen den beiden Gemeinden das nämliche Verhältnis wie zwischen den Neuenbürgern und den Odenheimern (Amt Bruchsal). Letztere führen heute noch den Uebernamen „Odemer Holzäpfel" und erstere fühlen sich geärgert durch den Ausdruck „Neuberger Hutzeldreck."

Die Bewohner der Schapbacher Nachbarsgemeinde Rippoldsau werden mit der Titulatur „*Harzkäppler*" geuzt, weil diese sich in früherer Zeit außer mit Flößerei noch hauptsächlich mit Harzsammeln (harzen) beschäftigten. Während das äußere Wahrzeichen der Flößer in großen Wasserstiefeln bestand, trugen die Harzer eigentümlich geformte Mützen (Harzerkappen).

[10.]
11. SAGEN.

Die Nixe am Wildsee.

Ueber die Sage von der Nixe am Wildsee gehn im Volksmunde abweichende Darstellungen um. Die bekanntere lautet: Aus der stillen Flut des Wildsees[1]) taucht zuweilen die Nixe mit goldener Leier empor und lustwandelt an der nahen Halde. Alsbald lässt sie die Saiten ertönen und singt dazu ihr Lied, dass es rings im Walde wiederhallt. Dann kommt selbst das scheue Reh aus dem Dickicht und schmiegt sich traut an sie an. Mit ganz besonderem Zauber aber wirkt ihr ergreifendes Lied und ihre berückende Schönheit auf Herz und Gemüt dort einsam weilender Hirtenknaben. Umsonst ruft dem betörten Jüngling die Gewissensstimme zu: Fliehe weg von hier, die Nixe bringt dir nur Verderben. Bestrickt von ihrem Sang und ihren Reizen ziehts den Verblendeten immer mächtiger zu ihr hin. Kosend zieht sie ihn zum See und hinab in die Flut, um alsbald mit ihm in der dunklen Tiefe zu verschwinden.

Noch einmal ertönen die Saiten, aber erzitternd wie ein Sterbelaut. So hat die Wasserbraut schon manchen Jüngling betört. [Leider ist diese Darstellung nicht einfach nach dem Volksmunde aufgezeichnet, sondern poetisirt.]

Eine andere Darstellung lautet:

Etwa einen starken Kilometer weiter talabwärts vom Wildsee, lag bis in die 1840er Jahre der sog. Seebenhof, ein geschlossenes Gut von rund 600 badischen Morgen, welches damals durch Kauf um etwa 160 000 fl. in Besitz der Fürstenbergischen Standesherrschaft überging. In diesen Hof kam von Zeit zu Zeit die Nixe vom Wildsee, unterhielt sich mit dem Gesinde und sah nach des Bauern Vieh, um dessen Pflege sie sich jedesmal bemühte. Dabei soll die Nixe aber keineswegs vornehm getan haben, sondern „armselig in einem zottigen, zerrissenen und feuchten Kleide" einhergegangen sein. Aus Be-

---

[1]) Wildsee, auch Glaswaldsee genannt, mit einer Flächenausdehnung von 2 ha. 81 ar 16 qm., liegt in einer Höhe von 845,9 Meter im Gewann Seehalde in dem zur Gemeinde Schapbach gehörigen Zinken Seebach—Glaswald, unfern der Griesbacher Gemarkungsgrenze.

dauernis schenkte ihr deshalb an einem Festtag die Bäuerin ein ganz neues Gewand, worauf die Nixe sagte: „So, jetzt bin ich bezahlt," und sich verabschiedete. Von da an kam die Nixe nicht mehr auf den Hof. Mit dem Gedeihen des Viehstandes, ebensowol wie mit dem Wohlstand des Seebenbauern[1]) im Allgemeinen aber ging es von diesem Zeitpunkt an rückwärts.

Heute — nach 50 Jahren — ist kaum mehr der Platz erkenntlich, wo die einstmals umfangreichen Hofgebäulichkeiten gestanden hatten.

Die untergegangene Stadt Benau.

Droben auf dem Schwarzenbruch[2]) liegt ein Gewann, das den Namen „Kirchhof" führt. Dort soll in urdenklichen Zeiten die Stadt *Benau* gestanden haben. Auf der entgegengesetzten Talseite, am äußersten Ende des Kupferberges, unfern des Wildsees, liegt wiederum ein ödes Berggewann, welches den Namen „Heidenstadt" führt. Beide — Kirchhof und Heidenstadt — bringt die Volksüberlieferung in Beziehungen, obwol sie wegen ihrer räumlichen Entfernung gar nie einen Zusammenhang mit einander gehabt haben können. Trotzdem heute ein mehr als 5 Kilometer langer hoher Gebirgsrücken die beiden Orte trennt, erzählt die Ueberlieferung von einem großen See, der einst beide Städte mit einander verbunden haben solle. Fragt man die Leute um nähere Auskunft hierüber, so erfährt man nichts anders als was Baader und Schnetzler in ihren badischen Volkssagen des längeren schon aufgezeichnet haben. Während über das mit Gestrüpp und Wald bewachsene „Heidenstadt" außer dem Namen nichts weiter bekannt ist, weiß der Volksmund über „Benau" schon mehr zu erzählen. Auf

---

[1]) An der linken Seitenmauer des Friedhofes zu Schapbach steht das Grabdenkmal des letzten Seebenbauern und dessen Ehefrau. Die Inschrift lautet: Hier ruht Johann Georg Armbruster, Seebenbauer, geboren am 13. April 1779; gestorben am 10. November 1846 neben seiner Ehefrau Apolonia, gestorben am 26. Mai 1838, alt 65 Jahre.

[2]) Schwarzenbruch, ein hoch auf einem Berge zwischen Wildschapbach und Rankach gelegener Zinken, mit weiter Fernsicht über den obern Schwarzwald. Gehört zur Hälfte Schapbach und zur Hälfte zur Gemeinde Oberwolfach.

dem Raume, wo diese Stadt gestanden haben soll, befinden sich heute einige stattliche Höfe, wie z. B. der Hanseleshof mit einem Grundbesitz von 161 ha. 42 ar = 448 badischen Morgen, der Schrempenhof, der Moosbauernhof u. a., nebst kleineren Ansiedelungen. Nach vielseitiger Ansicht soll diese Gebirgsstadt eine römische Niederlassung mit Kastell (?) und Standlager gewesen sein, welche aber von christlichen Veteranen bewohnt war. Mit Vertreibung der Römer ging diese Ansiedelung wieder ein und die Befestigungen wurden zerstört.

Da aber auch schon viele umwohnende Talinsassen das Christentum angenommen hatten, wurde aus religiöser Scheu das Kirchlein bei der allgemeinen Verwüstung verschont. Heimlich kamen christliche Germanen zur Sommerszeit an Festtagen dort oben zusammen um ungesehen von den heidnischen Stammesgenossen dort ihre Andacht zu verrichten, welche jedesmal durch eine Prozession, wobei von bekränzten Jungfrauen die reichgeschmückte Statue der Gottesmutter um das Kirchlein getragen wurde, zum Abschluss kam. Wol hatten auch hin und wieder heidnische Umwohner aus der Berghöhe herab den feierlichen Gesang der christlichen Gemeinde belauscht. Niemand von ihnen wagte es aber, den Bannkreis der verwunschenen Stätte zu betreten. Allmählich bildete sich die Sage von der *Hexe von Benau* und verursachte unter der abergläubischen Bevölkerung noch mehr Scheu vor der unheimlichen Stätte und dem geheimnisvollen Treiben daselbst.

Ein vorwitziges Weib hatte es gewagt, das Heiligtum der Christen freventlich zu betreten und Hand an die heiligen Gefäße zu legen. Cyriacus, des Kirchleins Schutzheiliger, aber trat ihr entgegen, und nun ging die Sage, dieses Weib „*die alte Lempi*" genannt, gehe seit der Zeit dort oben als Geist um und setze sich jedem auf den Rücken, der sich in böswilliger Absicht dem Kirchlein nähere und quäle ihn so lange, bis er wieder aus deren Bannkreis sei.

Als dann im Laufe der Jahrhunderte das Christentum allgemein und fast überall Staatsreligion wurde, erstanden in den den umliegenden Orten nach und nach eigene Pfarrkirchen.[1])

---

[1]) So z. B. war auch Schapbach schon im Jahre 1275 eine eigene Pfarrei.

Die regelmäßigen Zusammenkünfte bei der uralten Waldkapelle im ehemaligen Benau hörten allmählich auf und das Kirchlein fiel der Zerstörung anheim. Die Bausteine wurden zu anderweitigen kirchlichen Bauten verwendet. Der größte Teil kam nach Rankach und diente als Baumaterial für die dortige noch heute stehende Kapelle. Unter den Fuhrleuten, welche die Steine vom Berge herab zu Tal zu fördern hatten, wusste einer einen prächtig behauenen Treppenstein beiseite zu schaffen und verwendete ihn als Schwelle vor seiner Stalltüre. Aber gleich am andern Morgen stieß sich einer seiner Zugochsen an der neuen Schwelle, brach beide Beine und musste getötet werden. Das gleiche Missgeschick begegnete auch anderntags dem andern. Zugleich brach unter dem übrigen Vieh eine Krankheit aus. Der Bauer erkannte nun in der entweihenden Verwendung des Kirchensteins die Ursache des göttlichen Zornes. Alsbald verbrachte er ihn nach Rankach zur Kapelle, wo er nun ebenfalls verwendet wurde. Von der Stunde an hörte die Krankheit in seinem Stalle wieder auf.

Wenn nun auch heute alle Spuren von der ehemaligen christlichen Bergstadt Benau nahezu verschwunden sind, so ist doch eines immer noch geblieben und in frommem althergestammtem Gebrauch. Bis heute noch findet nämlich von Kreuzerfindung bis Kreuzerhöhung alle Sonntag Nachmittag unter Teilnahme von Kindern und Erwachsenen aus den dortigen Gehöften ein feierlicher Umgang unter Vorantragung von Kreuz und Fahne um den Hanselesbauernhof statt. Dabei tragen gerade noch, wie von den ältesten Zeiten her uns die Sage berichtet, 4 bekränzte Mädchen die schön geschmückte Statue der Himmelskönigin. Nach Schluss des Umganges erhält jedes Kind 3 Pfennige als Geschenk. Diese feierlichen religiösen Umzüge finden ohne Geistlichen statt. An der Stelle, wo seit „Menschengedenken" die Prozession hielt und mit einer Litanei schloss, ließ der Hanselesbauer im Frühjahre 1894 auf seine Kosten eine neue Kapelle bauen.

Der Schlangenhof.

Vor Seebach, auf der rechten Talseite, unfern der Einmündung des vom Wildsee kommenden Seebaches in die Wolf, steht ein stattliches Bauernhaus. Es ist dies der Waldeleshof, früher Schlangenhof genannt. Zu diesem Anwesen gehört ein Grundbesitz von rund 150 ha = 415 badische Morgen. Vor dem Jahre 1838 standen diese Gebäulichkeiten aber etwa 1 Kilometer weiter talabwärts, etwa da, wo jetzt fast hart am Bache ein Bildstöcklein steht. In und bei diesem alten Hof sollen sich beständig Schlangen aufgehalten haben, die durch keinerlei Mittel zu vertreiben waren. Sowol in den Futterraufen der Ställe als in den Schlafräumen der Familie, kurz überall hatten sie sich eingenistet. Dabei waren sie ganz zahm, heimisch und zutraulich und von Niemanden im Hause gefürchtet. Am vertrautesten standen diese Schlangen mit den Kindern, zu denen sie gerne herankrochen, wenn dieselben nach damaligem Gebrauche auf dem Boden sitzend aus der gemeinschaftlichen Schüssel assen. Dabei kam es mitunter vor, dass, wenn eine der Schlangen gar zu näschig der Milch zusprach, eines der Kinder ihr den Löffel auf den Kopf schlug mit den Worten: „Du iss au Brock!" Erst mit Abbruch des Gebäudes und Verlegung desselben verließen die Schlangen ihr bisheriges Asyl. Aber auch der neue Hof führt nach dieser Sage noch den Namen: Schlangenhof.

Der Jägerleiter.

Etliche zwanzig Meter oberhalb des Wirtshauses „Vor Seebach" steht hart an der Straße ein Bildstöcklein mit der Inschrift:

Allhier steh stil du
Fromer Christ Bedracht
Was da Geshehen ist.
Johanvs Merck zv
Dot Geslagen Worten
Bet Vor di ie Ame
Sellen Ain Vater Vnser
Vnd Afe Maria 1753.

An dieses Bildstöcklein knüpfen sich nach dem Volksmund folgende Sagen, welche wir einem Zwiegespräch ablauschen wollen.

„Wie isch bigott au dös gsi?" fragt der Vizesepple den Salzgore.

„He, woischs bigott nimm? de Jägerleiter isch welleweg en anderer Kaib gsi," gibt drauf der Salzgore zur Antwort,

„gwilderet hettr und d'Lüt hettr bigott umbrocht wie ne Räuber. Druf sin e Meng handfeschte Manne zsamme gschtanne, hent de Jägerleiter üwerfalle und mit Prügl und Knüttl welle totschlage. Awer fi hents bigott nit fertigbrunge. De Kaib het nit wolle hi were. Do uff oismols het der Tropf, de liederli, gschtanne, er hett e gwihte Hoschtie ignait un dernderwege künntigets ihn nitt ztotbringe, bis die selb rußgschnitte wär. Do hetts d'Lütte grußet ob dem grässlige Frevl, henm awer do die Hoschtie rußgschnitte. Hernochder ischr an sellem Platz dort zsammekeit, wu fitt no fell Bildschtöckli schtoht. Der Jägerleiter hett awer wege sim gottlose Läwe umgohmüsse."

„Des Gschichtle han i awer au schu anerscht verzähle höre." mischte sich jetzt der Gebeletobis ins Gespräch. „De Jägerleite seig gar en schtrenge und hartherzige Waldhüeter gsi. der jeden, den er uff verbottene Wäg im Wald betroffe hett, ohne Gnad un Erbarme misshandelt un bim gringschte Widerschtand zsammegschosse hett. So seig emol e Mann mit eme Fischlegel uffm Buckel de Wald durre, ge Freudeschtadt zu. Sisch duschter gsi, un do hett der Jägerleiter glaubt, der Mann hett e Reh uff'm Buckel, un weil der Fischer uff si Aruf nitt gli isch schtoh bliwe, hett der Jägerleiter s Gwehr ab de Schulter un den Mann eis Wegs tot gschosse. Des hett natürli en große Uffruhr im Ort gä, vorab die siewe Buewe vu dem Fischer hen dem Jägerleiter bluetige Rache gschwore. Trotz aller Gegevorschtellunge hent se den Jäger überfalle un so lang uffn ni gschlage, bis er hi gsi isch. Hernochder sin die siewe Brüeder ob dem Mord igsetzt und vom Gricht zum Tod verurteilt worne. De jüngschte dervo hett aber der Fürscht begnadigt. So hen also wege dem eine Schuss müeße acht Mensche s Lewe ihüeße. — Des het als mi Großvater verzählt."

„So wirds wol au gsi si," setzte beglaubigend der Schmidsteffe hinzu, „drum heißts au uff sellem Bildschtöckli: Allhier schtch schtill du frommer Chrischt, Betracht, was do geschehen ischt."

„Wa i bigott sage will," fällt jetzt der Zwegschtewassersepp dem Schmidschteffe ins Wort, „denkts üch no, ihr Lütt, wie mer no so junge Völkli (Viehbuben) gsi sin, uns hett obeds emol im Wald so gschpenschtig an de Bäume klöpft?"

„Aha!" sagt jetzt der Bürstemarx, „de Sepp moint selle

Sage vom Bonnett;

jo, sell isch wohr, do he mr als welleweg agfange ze renne un derbei gschraue: De Bonnet kummt, de Bonnet kummt!"

„Wa ischs mit dem Bonnet gsi?" fragt drauf neugierig der Pechmichel von Peterstal.

„De Bonnet?" antwortet der Bürstenmarx, „eio, des isch en anderer Tropf gsi; der hett, wus gange isch, üwer de Grenz blaßt un hernochder prozesst, bis niemed meh mit dem habsüchtige Mensche hett ztu ho möge. Druff hettm bim Rise später grad so e Schtamm verwischt un hettm de Kopf un d'Arme verquetscht, so dass er tot uff'm Platz bliewen isch. Zur Schtrof für si Urecht, hett er im Wald müeße umgoh!"

„Do fallt mr zlieb grad au so e Gschichtli i," sagt jetzt der Schuhtoni, „wissenr no die

Sage vom Gespenst beim Ochsen?"

„Wie ischs mit dem Toni, lass los," sagt der dicke Beckelenz und rückt etwas näher hinzu.

„Ja, sell isch nie recht ruß kumme, was sell eigentli gsi isch," fährt jetzt der Schuhtoni weiter, dem immer gleich der Faden ausging, wenn er etwas längeres erzählen sollte, „nachts um 12 Uhr hetts als dort bim Ochse pfiffe, grußelig grell un hernochder hetts bigott agfange ze rassle un ze lärme wie ne Dunnerwetter; s isch immer en Schrecke für Ross un Knecht gsi, wenn e Fuhrwerk dort bi Nacht hett vorbi fahre müsse. Seit dem awer di nü Schtroß gebaut isch, hett mer nünt meh ghört."

„In früheren Zeiten hat man sich aus unserm Tal noch mancherlei solcher Sagen erzählt," sagte nun der Wagnerlukas, welcher die meiste Zeit seines vielbewegten Lebens außerorts zugebracht hatte, „welche leider allmählich der Vergessenheit anheimzufallen scheinen. Die jetzige Generation setzt sich so leicht über die alten Ueberlieferungen hinweg, aber, ich bleib dabei und wiederhole es immer wieder, wenn auch diese Sagen gleichwol nur auf Aberglauben beruhen, so steckt doch gar viel Reiz und Poesie darin; man vergegenwärtige sich nur, mit welcher Aufmerksamkeit Alt und Jung dem Erzähler lauscht, wenn von solch alten Volksüberlieferungen die Rede ist." So sagte der alte Wagnerlukas, auch das „alte Register"

genannt. Durch zwei Menschenalter hindurch hat er mit großem
Geschick das Wagnerhandwerk betrieben, und die tüchtigsten
Meister im Tal haben als Lehrbuben vom Wagnerlukas einst
Ohrfeigen erhalten. Aber Männer hat er aus ihnen gemacht.
Und belesen ist der Alte und ein Gedächtnis hat er, das ist
ganz erstaunlich, und gerade letzterem Umstande verdankt
er seinen Uebernamen.

Vor etwa 5 Jahren hat der Wagnerlukas die letzte Felge
ins Rad gemacht und — da er kinderlos ist — das Geschäft
aufgegeben, sein Anwesen verkauft und sich mit seinem Weibe
in den wolverdienten Ruhestand nach seinem Heimatsorte
(Schapbach) zurückgezogen.

Hören wir nun, was der Alte noch erzählte:

Es ist fast kein Zinken und kein Hof in unserm Schapbachertal, der nicht seine besondere Sage aufzuweisen hätte.
Alle diese aufzuzeichnen wäre wol sehr interessant, die meisten
davon sind aber kaum zum kleinsten Teile mehr recht zu
fassen und festzustellen.

Drunten am Zierle, hart an der neuen Straße steht die
sog. Kronbuche. Bei Nacht möchte niemand dort vorüber-
gehen, noch vielweniger dort etwas zu schaffen haben; denn
dort lief bei Nacht der

Zierlegeist,

dem es eine besondere Freude machte, unter koboldartigen
Neckereien die nächtlichen Wanderer von der Straße hinab
in den schäumenden Bach zu treiben. An die Zierlebewohner
aber wagte er sich nicht mehr, seitdem der Zierlebauer vor
seinem Gehöfte ein großes Kreuz aufgestellt hatte. Sonst trieb
dieser Geist seinen Spuk nur mit den Menschen.

Schlimmer war der

Geist bei der roten Mühle,

jetzt „Bei der Schmelze" genannt. Dieser ist besonders den
Pferden gefährlich. Sobald sie um die mitternächtliche
Stunde an die verwunschene Stelle kommen, fangen sie an
zu pusten, zu scheuen, wollen nimmer vor- und rückwärts.
Da — plötzlich ertönt ein merkwürdiger, markerschütternder
Schrei, worauf die Pferde erst aufbäumen und dann wie toll
von dannen rasen, bis sie den Bannkreis des Geistes über-
schritten haben.

Weiter drunten am Venturehof an der Steig geht

Der Hakerle

um. Einheimische, die ihn an seiner dreieckigen Kappe von weitem schon erkennen, weichen ihm am liebsten aus. Fremden bietet er sich als Führer an, leitet dieselben aber boshafter Weise stets irre.

Ein höchst unheimliches Gespenst ist auch das

Bärfelsentier im Rankach.

In Gestalt eines großen Hundes fällt dieser Geist die nächtlichen Wanderer heimtückisch an und jagt sie ähnlich wie der Zierlegeist in den Bach. In den Stollen und Schachten der dortigen Bergwerke treibt sich ein anderer Geist als

Goldenes Kalb

umher. Den Bergleuten, welchen es begegnet, verwehrt es das Weitergehen. Wol oder übel müssen sie bei einem Zusammentreffen mit dem goldenen Kalb, um Unheil zu verhüten, wieder zutage fahren.

Eine sehr unheimliche Gesellschaft hatte sich auch auf einem größeren Hofe bei der Walk eingemietet. Dort hielt sich nämlich ständig ein

Hausgeist

auf, welcher sich sogar an den Tisch setzte und zeitweise noch andere Geister mitbrachte, die sichs wol am Tische bequem machten, von den Speisen jedoch nichts berührten und dann nach einiger Zeit plötzlich wieder verschwanden.

Unter den Ruinen des alten Schlosses bei der Walk liegen auch noch

Verborgene Schätze,

welche von gespenstigen Hunden behütet werden. Der alten Walkwirtin gelang es einmal aus einem Trog eine Schürze voll zusammenzuraffen. Als sie aber auf die Brücke kam, riss der Schurz und statt Gold fielen Hobelspäne auf die Erde.

In die Kirche zu Oberwolfach wurde alljährlich eine sog. *Dreifaltigkeitskerze* gestiftet. Dies hatte seinen Ursprung darin:

Der alte Zacherlbauer war ein leidenschaftlicher Jäger, der oft selbst die Sonntagvormittage diesem Vergnügen opferte. So traf er an einem solchen Sonntag — gerade unter dem Gottesdienst einen Hasen an, nach dem er aber diesmal vergeblich schoss; im Gegenteil, der Hase kehrte sich ihm zu und machte ihm „Täpchen". Hierob erfasste den Bauern eine solch tötliche Angst und Bestürzung, dass er eilig seinem Gehöfte zulief, dem sonntäglichen Jagdvergnügen auf immer entsagte und alljährlich auf diesen Sonntag eine dicke Kerze in die Kirche stiftete.

In etlichen Familien des Schapbachertales herrscht auch noch der

Hexenglauben,

was ein eigentümliches Vorkommnis vor 2 Jahren bezeugt und selbst in der Tagespresse scharf besprochen wurde. Der Tatbestand war dieser:

Auf einem großen Bauernhofe mitten im Tale brach über Nacht die Maul- und Klauenseuche aus, wovon sofort der gesamte Viestand ergriffen wurde. Weil man in diesem Falle keine greifbare Ursache für die lästige Krankheit herausfinden konnte, so musste eben das liebe Vieh offenbar verhext worden sein.

Verdächtige Weibsleute gabs ohnehin im Ort, und nun kam noch ein anderer Umstand hinzu, der den Spuk zur Gewissheit machen musste. Ein Sohn der Erzhexe, die sonst scherzweise von sich selbst zu sagen pflegt: „De Bese han i am Buch, un uff de Gawl lauf i," war tags zuvor auf dem Hofe gewesen und hatte das übliche Geschenk nicht erhalten. Naturgemäß hatte dessen schlimme Mutter aus Bosheit darüber in der darauffolgenden Nacht den ganzen Stall verhext. Um Gewissheit darüber zu erlangen, musste die Verdächtige gebannt, d. h. durch Zaubermittel an den Ort ihrer Untat zitirt werden.

Das ist gerade nicht so schwer, wenn man den Spruch weiß und nebenbei noch eine Jungfer ist. Da von den Mägden des Hofes keine an das Wagnis gehn mochte, unternahm es Bibiane, die Untermagd, die Beschwörung vorzunehmen, natürlich unbeschrieen und ungesehen. Vorsichtig um sich spähend, schleicht sie mit Eintritt der Dunkelheit in den Stall. Unter der Schürze trägt sie die Räucherpfanne und auf deren Glut verbrennen langsam drei Messerspitzen Dreifaltigkeitssalz, ebensoviel Anken, drei Rinden Brot, dazu Osterholz vom Kirchhof usw. Dabei muss Bibiane sehr vorsichtig sein; denn erhält die Hexe von dem ihr drohenden Banne Wind, so sucht sie der Beschwörerin vor deren Eintritt in den Stall das Fürtuch über der Räucherpfanne zu entreißen oder ihr sonst einen Schabernak zu spielen, welcher das Vorhaben vereiteln müsste. Gelingt ihr dies aber nicht, so steht es schlimm um die Hexe. Wirklich unbeschrieen im Stalle angekommen, fachte Bibiane auf dem Deckel der Räucherpfanne die Zauberglut und während die geweihten Dinge langsam verbrannten, sprach sie die Worte:

„Hexe, ich lege dir Salz und Schmalz und Brot auf dein Herz,
Dass du leidest großen Schmerz.
Du sollst haben weder Ruh noch Rast
Bis du dein Vergehen gestanden hast — — —
In Gottes oder des Teufels Namen!" — — —

Solchen Schmerz am Leibe auszuhalten, ist selbst für eine Hexe zu stark. Winselnd und heulend muss sie nun in irgend einem Winkel sich zeigen und reuevoll mit ihrem Namen sich zu erkennen geben, oder leibhaftig auf dem Hofe erscheinen. Letzteres traf nun merkwürdigerweise gerade zu. Zu Bibianes Erstaunen kamen aber gleichzeitig zwei verdächtige Weibsleute zusammen auf den Hof, die wol oder übel jetzt als leibhaftige Hexen erkannt wurden. Von diesen erklärte die eine öffentlich im Amtsblatte, dass sie nicht hexen könne und auch die Maul- und Klauenseuche in dem betr. Stalle nicht gemacht hätte, während die andere dies mit Bibiane „unter vier Augen" ausgemacht und zu ihrer Rechtfertigung der beherzten Beschwörerin schlagende Beweisgründe beigebracht hat.

Auch

Hexenmeister

hats vor 40 und etlichen Jahren im Schapbachertal noch gegeben. Diese scheinen aber jetzt vollständig ausgestorben zu sein. So erzählte mir ein alter Holzbauer, dessen Genossen aber jetzt teils tot, teils nach Siebenbürgen verzogen sind, dass unter den Waldarbeitern zu seiner Zeit etwelche gewesen wären, die mehr gekonnt hätten, als Brod essen. So z. B. hätten sie einmal Kaffee im Walde gekocht. „Wenn mr jetzt bigott nur au e weng Milich hätte," sagt da der eine von den Holzhauern. „Des hetts gli!" entgegnete da drauf ein anderer, nimmt seine Axt und einen Hafen, begibt sich etwas abseits zu einem Baumstumpf, murmelt einige unverständliche Worte, schlägt dann mit Wucht die Axt an eine hervorspringende Wurzel und melkt dann Milch zum Axtstiel heraus, bis der Hafen voll war. „So, des isch jetzt Milich von einer des X-bauern Küh," sagte der Hexenmeister. Als nun auf dem betreffenden Hofe die Stallmagd das Vieh zu melken kam, fand sie eine der Kühe auf unerklärliche Weise vollständig ausgemolken. Reichgeworden aber seien von ihren Künsten weder Hex noch Hexenmeister.

Der *wilde Jäger* scheint auch hin und wieder in diesem Revier zu treiben. Doch lässt sich der mit dem wilden Jäger in Beziehung gebrachte Ausdruck

„Heerwagen"

auch auf ein gewisses Sternbild anwenden, zumal wenn die Bezeichnung auf das Wetter angewendet wird. So z. B. sagt der Schapbacher:

„Wenn der Heerwage kummt,
giebts ander Wetter!"

Etwas Hexenartiges findet man mitunter auch noch bei solchen Leuten, die im Allgemeinen den Aberglauben von sich gewiesen haben, das ist das

Schrexle oder *Schrättele* (Alpdruck).

„Schtande bigott uff, d Hex kummt a mi" oder „i kas bigott nimm verschnuufe, s Schrexli druckt ml!" stöhnt der Latschejokl manchmal ängstlich nachts, wenn er auf dem Rücken liegt oder abends zuvor anderthalb Pfund Speck und Herdäpfel mehr als sonst zur Nachtsuppe verzehrt hat.

In der nächsten Umgegend — in St. Roman[1]) — geht die Sage vom

Teufelsstein.

Dort nämlich befindet sich ein besuchtes Wallfahrtskirchlein zu Ehren des heiligen Romanus. Nach der Legende war dieser in der Mitte des 5. Jahrhundert Abt und Ordensstifter in Frankreich. Seine Konventualen mussten sich aber

---

[1]) Zinken zur Gemeinde Kinzigtal, aber mit eigenem Pfarr- und Schulverband — 250 Einwohner, 674,7 Meter ü. d. M.

meist mit Handarbeiten, Landwirtschaft und Viehzucht beschäftigen. Aus diesem Grunde werden auch die St. Romanischen Kirchen viel von Bauersleuten besucht, die sich von dem Heiligen Fürbitte erflehen in Drangsalen im Stalle oder auf dem Felde. Solch fromme Vorhaben sucht natürlich der Erzmenschenfeind nach Kräften zu verhindern. Als man nun s. Zt. auch auf der Berghöhe bei St. Roman zu Ehren dieses Heiligen und Nutz und Frommen der Bauersleute ein solches Kirchlein erbauen wollte, widersetzte sich der Teufel mit allen Mitteln diesem Vorhaben. Endlich seine Ohnmacht einsehend, ergriff er mit wuchtiger Hand ein gewaltiges Felsstück und schleuderte es nach dem Kirchlein. Dessen Schutzheiliger lenkte aber den Wurf ab, so dass der Stein einen Abhang hinunter fiel und dort zur Erinnerung an die satanische Tat liegen blieb. Das Volk nennt den Felsblock heute noch „Teufelsstein" und es sollen die Abdrücke der Finger Belzebubs noch daran erkenntlich sein.

An *Peterstuhl* (22. Fbr.) ziehen im untern Tale (in Schapbach selbst ist dies verboten) die Kinder noch von Haus zu Haus und singen folgendes Sprüchlein:

„Peter, Peter, Sturm,
Schlangen und viel Wurm,
Peterstag isch bal vergange
Mir jage alli Krott un Schlange
Hier ruus, dort ruus!
Aepfel un Bire zum Lade nuus!
Glück ins Huus, Glück ins Huus,
Bis zum obere Lade nuus!"

12. SITTEN UND BRÄUCHE.
aa—af. Menschenleben.

Sofort nach der Geburt werden die Kinder zur Taufe gebracht. Beim Gang zur Kindstaufe knallen vereinzelt noch Schüsse aus den Höfen und Häusern. Vor dem Betreten und nach Verlassen der Kirche wird im Kirchhofe vor dem Missionskreuze noch eine kurze Andacht verrichtet durch Abbeten der hl. 5 Wunden und des Glaubens. Früher erhielt der Täufling gewöhnlich den Namen des Tagesheiligen, daher man in den Schulen ein ganzes Kalendarium antreffen konnte.

Da zu Schapbach in der Regel der jüngste Sohn (sog. Hofengel) Hoferbe wird, wurde auch für diesen der Stammname vorbehalten, was aber begreiflicher Weise eine sehr unzuverlässige Sache war, in den meisten Fällen aber doch zutraf. Nach vollzogener Taufhandlung macht zuerst die Gotti, dann der Götti mit dem Täufling einen Umgang um den Altar; dann begibt sich die ganze Gesellschaft ins Wirtshaus zum Taufschmaus. Der Täufling liegt unterdessen, unter der Obhut der Hebamme, im sog. Herrgottswinkel.

Etwa 4 Wochen darnach findet der Gottigang statt, wobei die Patin den Täufling besucht und nach Sitte und Brauch beschenkt (1 Nischter [Rosenkranz], 1 neue Silber- und neue Kupfermünze nebst Geldbeutel). An Weihnachten oder Ostern folgt das Gottikleid und mit Beginn der Schulpflicht der Gottihut. Die Wöchnerin wird ihrerseits mit Wecken, Kaffee und Zucker beschenkt. Ein solenner Gottischmaus ist mit diesem Besuch verknüpft. Bevor die Wöchnerin wieder ihre häusliche Arbeit übernimmt, erfolgt der Ausgang (Aussegnung in der Kirche).

Oftmals ist für solch einen jungen Wäldersprossen der erste Gang zur Kirche auch der letzte bis zu seinem Schuleintritt. Der Knabe erstarkt und heitern Mutes überwindet er die Schwierigkeiten des weiten, steilen Weges zur Schule und die Unbilden der Witterung. Schon mit Beginn des 10. Lebensjahres treten die meisten Knaben aus Gütlers-, Glegeheits- und Taglöhnersfamilien bei irgend einem Hofbauern in ein Dienstverhältnis. Nehmen wir hier z. B. des Hennemichels Flori. Er ist an Ostern ins 4. Schuljahr eingetreten, hat zu Hause noch 8 Geschwister und ist also daheim abkömmlich. Vom Weißensonntag ab hat er sich nun beim Rüttebasche, dem reichen Bergbauern, für den Sommer als Hirtenjunge verdingt. Nun beginnt für den Flori ein neuer Wirkungskreis. Morgens um 4 Uhr aufstehen; bis die Großmagd die Morgensuppe gekocht, hat Flori dem Knechte im Stalle zu helfen. Dann reihen sich Knechte und Mägde um den großen Tisch am Herrgottswinkel. Flori muss vorbeten. Dann hört man nur noch das Geräusch der Löffel, welche alle nach dem gemeinschaftlichen Ziele, der großen, dampfenden Suppenschüssel auslangen. Darauf allgemeines Gebet zu den Fenstern hinaus, wobei jeder in der andächtigsten Weise sich mit dem beschäftigt, was gerade draußen vorgeht und an alles denkt, nur nicht an das, was er gewohnheitsmäßig hersagt. Dann zieht Flori mit lautem „Hohohoho!" (Hirtenruf) mit seinen Schutzbefohlenen hinaus in die Berge, auf Weide und Rütte. Unter seiner Obhut stehen 12 Ochsen, 10 Kühe, 6 Schafe und 1 Ziege. Ueber seiner Schulter hängt 1 Tasche mit dem Unterbrot und in seinem roten Schille eine faustgroße Uhr, welche alle seine Vorgänger schon mit Stolz getragen, damit der „Viehbu" wisse, wann er heim solle. Sein Messer ist mittelst einer Schnur am Hosenträger befestigt. Schuh und Strümpfe hat man ihm beim Antritt seiner Stellung auf den Winter aufgehoben und so läuft er eben Sonn- und Werktags barfuß bis die Hutzeit um ist, d. h. bis der erste Schnee fällt. Um 10 Uhr wird eingefahren; denn während der heißeren Tageszeit muss das Vieh im Stall oder droben im Walde in der Viehhütte ruhen. (Letzteres trifft namentlich für die Ochsen zu, welche mitunter den ganzen Sommer über ununterbrochen auf der Bergweide verbleiben.) Mit lautem Hohohoho! treibt Flori die Heerde wieder zusammen und ihrem Bestimmungsorte zu. Nach eingenommenem Mittagsmahle hat Flori zu eilen, um noch um 12 Uhr rechtzeitig drunten im Dorf in der Schule eintreffen zu können. Aus Rücksicht auf das liebe Vieh muss die Schule im Sommer so abgehalten werden, dass die Herren Viehbuben die Hut nicht versäumen.

Endlich — au Martini ist die Hutzeit vorüber. Floris Lohn bestand in 1 Paar leinenen Hosen und Kittel, einem Hemd von grobem Garn und 1 Paar Pechschuhen. Mit diesem Verdienst kann Flori jetzt nach Hause zurückkehren oder sich während des Winterhalbjahres neuerdings und unter den gleichen Bedingungen als „Kühbu", oder, wenn er schon etwas stärker ist, als Unterknechtle oder sog. „Völkle", verdingen. Letzteres hat der Flori auch getan. Wir treffen ihn in seinem 14. Jahre noch auf dem Bergburehof. Er hatte nun das Alter erreicht, wo er aus der Schule entlassen werden musste. Der Bergbur hing zäh am alten Herkommen, und darum hielt er darauf, dass nicht nur seine eigenen Leute, sondern auch sein Gesinde an den altangestammten Gebräuchen festhielten. Flori erschien am Weißensonntag in der Volkstracht.

Ein neuer Abschnitt im Leben beginnt mit dem 20. Jahre, wo der junge Deutsche der Wehrpflicht genügen und im Dienste des Kaisers sich dem Vaterlande weichen muss.

An dieser Stelle möge der Gebräuche gedacht werden, welche im Schapbachertale aus Anlass der Aushebung zum Militär üblich sind.

Schon 14 Tage vor dem wichtigen Tage beschäftigen sich männliche und weibliche Hände mit Vorbereitungen auf den sog. Rekrutentag. Kränze werden gewunden, Tannenbäume mit unzähligen roten und gelben Papierstreifen, gleich einem Christbaum herausgeputzt und der Rekrutenwagen mit Maien und Tannenreis aufs zierlichste geschmückt. Ueber das Vordergestell des Wagens wird ein riesiger Bogen gespannt, rechts und links mit deutschen und badischen Fahnen geschmückt. In der Mitte aber befindet sich eine Tafel mit der Inschrift:
„Fest, wie die deutsche Eiche,
Stehn wir treu zu Kaiser und Reiche."

Schapbacher Bauernhochzeit.

Sogenannte Konvenienz- und Vernunftehen wirken verderblich sogar bis in den Bürger- und Bauernstand hinein.

Da ist ein Taglöhnersmädchen, welches seinen Hansjörg heiratet, da doch beide nicht mehr ihr eigen nennen, als was sie auf dem Leibe tragen und täglich mit ihrer Hände Fleiß verdienen, weit glücklicher und beneidenswerter, als so eine reiche Bauerntochter, die aus Hofinteressen nach Elternwunsch einem ihrer zwanzig Verehrer die Hand reichen muss, ohne überhaupt darüber klar zu werden, ob ihre Person oder des Vaters Kronentaler ihrem Bräutigam das Begehrenswerteste seien.

Aber auch die Bauernsöhne (Hoferben) kommen vielfach in die verzwickte Lage, eine stille Jugendneigung dem alten Herkommen, dem Familienstolz oder der Notwendigkeit zum Opfer bringen zu müssen.

So erging es auch des Kaibebauern Peter. Peter hatte zwar schon längst, aber nur so im Stillen, eine warme Zuneigung für seine Jugendfreundin, des Krummwadentonis Kätheri gefühlt. Als rechtschaffener Mensch, und da er wusste, dass dies doch nie zu einem Ziele führen könne, hatte er die aufkeimende Leidenschaft mannhaft unterdrückt. Auch die Kätheri war viel zu vernünftig, als sich wegen dem Peter allzu großen Hoffnungen hinzugeben.

Allmählich kam aber doch die Zeit, da Peter sich für eine Partie entscheiden musste.

„Peter," sagte an einem Sonntag Nachmittag der Kaibebur zu seinem Aeltesten, „Peter, i möcht allwil e vernünftig Wort

mit Dir rede; komm derwege ri ins Stüble." „Du woisch Peter," sagte dort der Bauer, „d'Modder isch dod, un mit fremde Wibervölkere huse, isch en Unglück für en Hof; s dueds nit annerscht, s mueß wieder e Büre uf de Hof. Kurzum, was i Di hab froge welle: Wie stohts, hesch Di scho um eine umgseh, he? Aber sell sag i zum vorus: e rechte Buredochter mueß sin, so ischs allewil Bruch gsi uf em Hof, sonscht schlag e heiligs Dunnerwetter dri! so, jetzt ischs huß, jetzt schwätz!"
Peter kratzt und schaut verlegen um sich und sagt schließlich: „Vadder, i moin, Ihr sin no nit so alt, dass Ihr scho ins Usdingstühle zhocke brucht, un was mi betrifft, so hawi mi no nit zlieb viel umgseh und —"

„Scho guet," fällt der Alte dem Sohn ins Wort, „dös wirds nit lang bruche; s Kaibebure Sohn därf üwerall anfroge Drum war der Jörgeseff vom Langdobel geschtern bi mir in Wolfe gsi un hett anzapft. Drüwe bim Waldbaschi, hett er gsait, stoht eine, die wär grad gmacht für e rechtschaffene Kaibebüre. Sisch e sufer Mensch, verschtohts Buregschäft, ka schaffe, und der alt Baschi losst sich nit lumpe; der gibt siner Dochter e Stück Geld mit, un des ka mer bruche. Du woischt Peter, Du hesch no acht Gschwischter, un die müeße schpäter enanderno uszahlt werre."

„Sell isch scho rächt, Vadder," sagt drauf der Peter, „aber der Baschi het zwoi Moidle; welle isch es?"

„Ja so, des, richtig jo, Stasi haist si, jo, Anestas hett der Jörgeseff gsait."

„D Anestas?" sagt drauf fast enttäuscht der Peter; „aber Vadder, die hett jo scho emol e Kind ghett!"

„Was, dummes Zeug! Kind ghett," poltert drauf der Alte, „des isch jo nur so e ganz klains gwehe, un doderfor gibt der Waldbaschi der Stasi e paar Tusend Mark mehr, verschtohsch, Peter! Und isch si emol Kaibebüre, so frogt koi Mensch meh noch so Dummheite. Also bisch mit iverschtanne?"

„Jo, minetwege," brummt der Peter.

„Guet," sagt drauf der Vater, „Abgmacht! am Sunntig gehn mer uf d Bschau."

Der Sonntag kommt. Schon am Samstag zuvor hat der Großknecht die zwei Ross, Geschirre unds Bernerwägele blank geputzt. In vollem Staat der malerischen Landestracht besteigen Vater und Sohn das Gespann, und fort gehts, dem

Schapbach und seine Bewohner. 39

Langdobel zu. Unten an der Landstraße steigt der Jörgeseff noch auf, und um $^1/_2 2$ Uhr kommt man am Waldhof an. Dort ist alles blitzblank. Der Waldbaschi steht vor dem Gehöft, die Ankommenden zu empfangen.

„Grüeß Gott," ruft der Kaibebur vom Wägele rab.

„Dank Gott!" erwidert der Baschi.

„Du hescht aber e Mischte vor em Hus!" sagt dann der Kaibebur, wolgefällig des Baschis großen Dunghaufen betrachtend.

„Sell isch bigott nötig," antwortete schmunzelnd der Baschi, „wenn mer so viel Ackere z düngc hett!"

Während des Waldbauern Knecht das Gefährt übernimmt und besorgt, begibt sich die Gesellschaft zunächst in den Stall, des Waldbauern Vieh zu beschauen. Die Unterhaltung dreht sich zunächst um die Viehpreise, den Haslacher Viehmarkt und Meinungsverschiedenheiten über den Wert der eingeführten Simmentaler Farren und Kalbinnen. Dann gehts auf die Bühne, die Futter- und Fruchtvorräte in Augenschein zu nehmen. Nachdem noch dies und das und noch etwas gründlich besehen, auch die Holzpreise besprochen worden sind, begibt man sich in die Stube. Auch da ist alles blank gescheuert, selbst die kleinen runden Butzenscheiben an den vielschieberigen niedern Fenstern.

Nun fädelt der Jörgeseff die Verhandlung ein, so dass man endlich auf den eigentlichen Zweck des Besuches kommt, während die Obermagd kurz zuvor eine Erfrischung auf den Tisch gebracht hat. Der Waldbauer kratzt etwas und tut, als ob ihm der Antrag unverhofft käme, meint, das Moidle sei noch etwas zu jung.

Der Kaibebur streicht die Vorzüge seines Peter heraus und stellt seinen Hof ins hellste Licht. Nun, die Sache kommt endlich ins Reine.

„Stasi!" ruft jetzt der Baschi zur Tür hinaus, „Stasi, komm ri, s isch Bsuech do!"

Etwas schüchtern tritt endlich die Hauptperson in die Stube, gibt den Männern die Hand und trinkt ihnen Bescheid zu.

„Wie moinsch, Stasi," sagt drauf der Kaibebur, „uf unserm Hof fehlt e Büre?"

„He, sell goht mi nünt a!" meint ausweichend die Angeredete.

„Drum sen mer hüt uf der Bschau un denke, mer werde nit unverrichter Sach wieder heimfahre. Also sags grad ruß, hescht Luscht?"

„Sell min Ihr mit em Vadder usmache!"

„Welleweg, wie stohts, Baschi?"

„Nu, i han nünt dergege und denk, d Stasi wird au nünt izwende han, wenn mer am Sunntig zur Bschauet uf de Kaibeburhof fahre, oder?"

„Wenn i am Peter guet gnue bi, han i nünt dergege!" erwidert drauf etwas schnippisch s Moidle.

„No, Peter, jetzt schwätz Du bigott au emol!" poltert drauf der Kaibebur heraus.

Jetzt tritt Peter vor, gibt Stasi die Hand, lädt sie auf kommenden Sonntag mit ihren Eltern auf d Bschauet, und die *Verlobung* ist so ziemlich im Blei. Drauf setzt man sich zu Tische, unterhält sich von mancherlei, isst Speck und trinkt Wein und Kriesewasser dazu; später folgt Kaffee mit Strüwelen.

Unter gegenseitiger Beglückwünschung und bhüet Gott erfolgt spät am Abend die Heimreise. Beim Abschied steht aber nun auch die Stasi unten bei den Eltern. Acht Tage drauf wiederholt sich die Szene. Diesmal aber hebt Peter seine Braut vom Wagen und führt sie in die Stube. Darauf zeigt er ihr die Küh, die sie zu besorgen habe, die Gesindekammern, kurz alles, bis aufs Brunnenhäusle, wo die Milch- und Rahmhäfen aufgestellt sind. Während dessen besichtigt der Waldbaschi die Wirtschaftsräume, klopft auch hie und da an den Balken herum, ob das Holz gesund und dauerhaft sei. Zuletzt werden noch die Schwein- und Geflügelstallungen einer Besichtigung unterzogen und dann wird in der Stube der Ehe- und Leibgedingvertrag verhandelt. Zu diesem Teil der Unterhandlungen wird noch irgend ein sachkundiger Mann (Ratschreiber usw.) beigezogen. Es wird dann der Uebernahmspreis des Hofes, die Mitgift der Braut, die Abfertigung und Sicherstellung der Geschwister, die Ausdingstube oder das Libdighus nebst Leibgeding (Altenteil) des Kaibenburen und schließlich der Hochzeitstag festgesetzt. Als Trauzeugen haben, wenn noch am Leben, die Gottileute (Paten der Brautleute) zu wirken. Dann fährt die Braut mit ihren Angehörigen wieder heim, um ihre Aussteuer fertig zu machen. Einige Tage darauf, wenn tunlich an einem Markttage, gehts nach Wolfach zum Notar, wo dann der Ehevertrag rechtsgültig ausgefertigt wird. Bei Einkauf der Hochzeitskleider werden womöglich alle ortansässigen Geschäftsleute berücksichtigt. Soweit wären jetzt Peter und Stasi im Reinen. Jetzt treten andere Leute auf, nämlich die Hochzeitsbieter. Mit und ohne Auftrag der Brautleute begeben sich nun etliche Frauen aufs Hochzeitsladen. Eine Tschied oder Strohtasche im Arm, werden nun im ganzen Tal alle Höfen und Zinken, sowie in den umliegenden Dörfern alle Wohnungen aufgesucht und alle Leute und jedermann zur Hochzeit des Peter und der Stasi eingeladen. Dabei ist es üblich, der Ladfrau je nachdem Speck, Brot, Erbsen, Würste oder Geld zu verabfolgen, so dass das Hochzeitladen für manche arme Leute zu einem ganz einträglichen Geschäfte werden kann.

Kommt die Ladfrau ins Haus, sagt sie zunächst ihren Spruch; dieser lautet:

„Bis Möntig über 8 Tag sollt Ihr höflich iglade si zus Kaibebure Peter un s Waldbaschis Stasi ihre Hochzitt. Um 10 Uhr isch Kirch, derno gohts in Ochse ins Wirtshus. Wenn mir Euch könnet gegendiene, so wolle mer s au tu, seis in Freud oder Leid."

Gleichzeitig erscheint auch im „Kinzigtäler," dem Wolfacher Amtsblatt, eine öffentliche Einladung.

Einige Tage vor dem Hochzeitstage findet der Umzug des Kaibebauern und seiner übrigen Kinder ins Libdighus statt. Dies wird zuvor vom jungen Bauern innerlich und äußerlich ausgebessert. Auch die Libdigkuh und alles, was sich der Alte vorbehalten hat, wird dorthin übergeführt. Nachdem auch der Heimhof frisch verputzt, getäfelt und neu getüncht worden, erfolgt die Auffahrt des Brautwagens. Es ist dies gewöhnlich ein großer neuer Leiterwagen, je nachdem mit 2 oder 4 mit roten Bändern geschmückten Pferden bespannt. Er enthält die Aussteuer der Braut. Beim Einzug ist letztere zugegen. Zu oberst auf dem Wagen prangt das rot überzogene Brautbett. Früher war eine große Himmelbettlade unter den verschiedenartigen ortsgebräuchlichen Haus- und Zimmer-Einrichtungen. Heutzutage ist die Aussteuer einer Hofbauerntochter fast durchweg dieselbe, wie anderer reichen Mädchen irgend welcher Stadt. Einen Hauptbestand bildet das Leibweißzeug. Dasselbe ist nicht nur dutzend- und ellenweis, sondern mitunter sogar zentnerweis vorhanden.

Am Vorabend der Hochzeit findet der *Tschäppelhirsch* statt. Es ist zugleich der Abschied der Braut vom Elternhause. Hiezu werden alle Verwandten der beiden Brautleute eingeladen. Auch die zunächstwohnenden Nachbarn finden sich hiebei ein, sowie der Bräutigam selbst. Das Hauptgewicht dabei bildet ein *Hirsenbrei*. Ueber der Hirsenbreischüssel ist künstlich ein Hochzeitsstrauß befestigt, der von der Braut und den Gästen scharf im Auge behalten wird. Dem Hochzeiter liegt die Aufgabe ob, geschickt und unbemerkt diesen Strauß von der Schüssel zu entfernen. Gelingt ihm dies, so hat er gleichsam auch der Form nach sich die Herrschaft in seinem neuen Hausstand gesichert. Die Freundinnen, mitunter auch die Eltern, überreichen bei dieser Gelegenheit der Braut Gedenkblätter mit dem Hochzeitsspruch. Früher bestanden diese in einem auf einen Bogen Papier gezeichneten Herz, worin alle möglichen Glück- und Segenswünsche geschrieben waren. Seit den letzten Jahren, wo diese Gedenktafeln meist vom Lehrer gezeichnet werden, haben sich Form und Ausstattung etwas verändert. In der Mitte des Blattes befinden sich auf goldenem oder silbernem Felde die Familienwappen (Hofzeichen, Hausmarken) von Braut und Bräutigam; darüber die Widmung und unten ein Spruch. Diese Gedenktafeln werden auf Pappe aufgeklebt und mit einem schönen Kranz umgeben, im Herrgottswinkel des Brauthauses und am andern Tage im Wirtshause aufgehängt. Nach der Hochzeit werden solche meistens eingerahmt. Unter Essen, Trinken und Singen dauert der Tschäppelhirsch bis gegen die Mitternachtsstunde.

Anderntags beginnt das Hauptfest:

Die Hochzeit.

Sowol der Waldhof als der Kaibehof sind zur Feier des Tages festlich mit Guirlanden und Tannenreisern geschmückt. Von Tagesanbruch an zieht die Schuljugend scharenweis nach den beiden Höfen zur *Morgensuppe*. Dabei werden Wein, Brot, Kaffee und Kuchen verabreicht. Bald darauf finden sich die Musikanten ein und spielen den Hochzeitsgruß. Nach und nach treffen die Verwandten, Gevattern, Paten, Brautjungfern usw. dortselbst ein. Alle ohne Unterschied werden mit Hochzeitssträußchen geschmückt. Um 9 Uhr marschirt unter Trommelschlag und mit wehender Fahne der Militärverein dem Hofe zu. Nachdem auch diese mit Wein bewirtet und mit Sträußchen versorgt sind, ordnet sich der Zug zum Abstieg ins Dorf. Zuvor wird im Hause noch eine gemeinschaftliche Andacht verrichtet. Dann bewegt sich der Zug unter Vorantragung eines riesigen Maien, abwechselnd unter Trommelschlag und den Klängen des Hochzeitsmarsches den Berg herab ins Dorf. Unten angekommen, gibts, je nachdem, einen längern Halt. Gruppenweise stehen die Weiber in ihrer malerischen Tracht auf der Straße und den Halden umher. Die Männer haben noch in den umliegenden Wirtshäusern etwas nachzusehen, während der vielgeplagte Bräutigam hundert Händedrücke und Glückwünsche entgegenzunehmen hat.

Plötzlich verändert sich die Szene. Vom Untertal her vernimmt man Musik und Wagengerassel. Es naht die Braut mit ihrer Sippschaft. Auf dem vordersten Wagen sitzen die Peterstäler Musikanten und blasen einen feurigen Marsch. Dann folgt der Brautwagen mit den Waldhofern, und in endloser Reihe folgen Bernerwägele mit den Hochzeitsgästen. Mit schmetterndem Tusche wird die Braut empfangen und von Peter vom Wagen gehoben. Zunächst ein allgemeines Händedrücken. Während die Braut in einem Hause ihren Hochzeitsstaat, den ihr Peter in Schapbacher Ortstracht hat machen lassen, noch rasch in Ordnung bringt, ordnet sich auf der Straße der Festzug. Voraus die Musik, dann der Militärverein; an diesen schließt sich der Zug der Braut- oder Tschäppeljungfern, und dann folgt das Hochzeitspaar mit den Trauzeugen. An der Spitze des Zuges aber marschirt der Viehbub mit dem Maien. So gehts mit klingendem Spiele dem Schapbacher Schulhause zu ins Ratszimmer. Ist die Ziviltrauung vorüber, bewegt sich der Zug in gleicher Ordnung nach der Kirche. Vor dem Friedhof löst sich der Zug auf. Während die Brautleute vor dem Missionskreuze noch eine kurze Andacht verrichten, strömt Jung und Alt ins Gotteshaus. Bald nach dem Eintritt des Brautpaares erfolgt die kirchliche Trauung. Sobald der letzte Segen gesprochen ist, machen die Neuvermählten unter Vorantritt der Tschäppeljungfern einen Umgang um den Altar, während von der Orgelempore herab ein Hochzeitschoral gesungen wird. Nach der Wandlung beginnt der große Opfergang, bei welchem das weibliche Geschlecht den Vortritt hat.

Nachdem die kleinen Mädchen und Jungfrauen ihren Umzug gehalten haben, eröffnet die Braut, in Begleitung ihres Ehrengesellen den Zug der Frauen. An diesen schließt sich sodann der Opfergang der Männer, wobei jeder einen Nischter (Rosenkranz) in Händen trägt. Auch hier eröffnet der Bräutigam den Zug der verheirateten Mannspersonen. Nach Schluss des Gottesdienstes begeben sich die Neuvermählten ins Pfarrhaus, um die Glückwünsche des Geistlichen entgegenzunehmen und diesen zur Hochzeit einzuladen. Während dessen ordnet sich unten am Kirchenrain wieder der Zug. Unter Vorantragung des Maien bewegt sich sodann nach Rückkunft der Brautleute die zahlreiche Gesellschaft talabwärts, dem festlich geschmückten Gasthaus zum Ochsen zu. Dort entwickelt sich nun ein gemütliches Treiben, das, je nachdem, sich bis zur Mitternachtsstunde ausdehnt. Die Brautleute eröffnen den Ehrentanz, und dann gibt sich jeder, wie er ist. Vor und in dem Hause haben Kuchen- und Gutselkrämer ihre Tische aufgeschlagen und Sträußchen-Verkäuferinnen heften jedem Ankommenden ein Sträußchen an, wofür der Spenderin ein Trinkgeld verabreicht wird. An einer solchen Hochzeit nimmt die ganze Bevölkerung Anteil. Jedes zehrt für sein eigenes Geld. Trotz des oft großen Gedränges verläuft doch alles in schönster Ordnung.

Vorstehendes war die Schilderung einer sogenannten Kappenhochzeit. Gilt dagegen die Braut noch für eine Jungfer, so trägt sie an ihrem Ehrentag zum letztenmal den Tschäppl.

Begräbnisfeier im Schapbachertal.

Es war vor einiger Zeit, da sass eine gemütliche Gesellschaft im Gespräche mit dem alten Bühlzöli um einen Gartentisch vor dem Wirtshaus zum Ochsen. Der Alte hatte auch heute wiederum interessante Begebenheiten aus seinen langen Lebenserfahrungen zum Besten gegeben.

„Awer ebbes, bigott, glaubet Ihr au nett," sagte unter anderm der Zöli, „dass i vor 80 Johr scho emol im Dodebaum (Sarg) glege bi? Herrgottsack, des isch e Kaibegschicht gsi, s grust mer hitt no dervor!"

„Wie isch au, bigott, des zugange?" fragte der Hermenazis Desider.

„Verzehlet, bigott, Zöli, verzehlet!" riefs einstimmig in der Tafelrunde.

„Des isch so gsi," ergriff dann der Alte wieder das Wort, und nahm zuerst einen Schluck Zellerwein, „früher hett mer net, wies jetzt Sitte un Bruch isch, jede Verschtorwene extra ime bsondere Dodebaum vergrawe. Do hett mer *ein* allgemeine Dodebaum ghett, der hett der Gmain ghört un isch immer do gschtanne, wo mern zletscht brucht hett. Isch hernoch wider ime andere Hus ebber mit Dod abgange, so hett mer den Gmainsdodebaum ebbe dort gholt un drinn den Verschtorwene uf de Kilchhof getrage. Hett der Pfarrer si Sach in Ordnung ghett, un d Lüt hent sich verloffe, so hett mer den Dodebaum usgleert, en alts Getüech über die Lich deckt un druff hett der Dodegräwer s Grab wider zugschufelt. So ischs gsi, zu sellere Zitt, jo."

„Awer bigott, wie sin den Ihr in den Dodebaum ni kumme, Zöli?" fragte der Hanschristlesbauer neugierig dazwischen, „des hent Ihr jo no nit verzehlt!"

„Langsam, langsam," sagte drauf der Zöli und nahm zuerst eine kräftige Prise aus des Lehrers Horndose.

„Ihr wisset jo, dass mi Vadder vor Zitte uffem Bühlhof ghust hett, wo jetzt der Bühlsepp isch. Um selle Zitt, wo mer die Franzose zum Land nus gjagt hett, s isch bigott e schwere Zitt gsi, isch uff unserm Hof der alt Thaddä gschtorwe, un von do doher isch halt der Dodebaum bi uns gstande, un de Vadder het en nus in Schopf gschtellt. Do henn no mir Buewe Schlupfis gmacht; i in mim Unverschtand leg mi in de leere Dodebaum ni, un de Kaibe-Zollersepp — Gott hab en selig unnern Bode — merkts, schlagt de Deckl zu und sitzt druff. I han i mim grusige Käffig Gott un alle Hellige agruefe; awer der Kaib isch nett ra. Wenn mi Vadder nit derzukomme wär, bigott i war ball verstickt. Mer senn sellemol scho badisch gsi; *der* Bruch isch awer no us de fürsteberger Zitt herstammt. Ball druff isch des Dode-Usleere vo der badische Herrschaft abgstellt worre."

So erzählte der alte Bühlzöli, und die Sache, so unglaublich sie uns heute erscheint, hat doch viel Wahrscheinlichkeit an sich, zumal, wenn man bedenkt, wie unter Kaiser Josef II., die Leichen bekanntlich in Säcken beerdigt werden sollten und österreichische und fürstenbergische Gesetze vieles gemein hatten, wie auch die Fürsten von Fürstenberg mit Oesterreich und dem habsburgischen Kaiserhaus eng verbündet und befreundet waren.

Abgesehen von diesem schaurigen Brauch, die Leichen ohne Särge zu begraben, sind aber die Gebräuche bei den Beerdigungen im allgemeinen noch dieselben wie früher. Ist jemand schwer erkrankt, so dass man an seinem Aufkommen zweifelt, bestellt der Vater oder die Mutter je nachdem, eine sog. 9tägige Andacht in der Kirche. Hiezu werden 9 bis 10 junge Mädchen ausgesucht, welche gemeinsam eine Andacht abhalten und für das Wohl des Erkrankten den Rosenkranz, das Salve Regina und andere passende Gebete verrichten. Auch ordnet der Geistliche vor oder nach dem Gottesdienst durch die ganze Gemeinde das „allgemeine Gebet" für die Sterbenden an. Nach Schluss der neuntägigen Andacht werden die Mädchen mit Geld beschenkt. Diese Andacht wird in schwierigen Fällen auch für Kinder verrichtet. Stirbt der Erkrankte, so lässt der Geistliche am nächstfolgenden Gottesdienst für den Entschlafenen durch die anwesende Gemeinde das allgemeine Gebet verrichten, während dessen mit allen Glocken das Scheidzeichen geläutet wird.

Während die Leiche im Sterbehause liegt, versammeln sich abends die Verwandten und Nachbarn dort „zum beten." War der Verstorbene im Leben eine hervorragende Persönlichkeit, oder hat er in der Nähe des Dorfes gewohnt, wird diese Trauerandacht bei Anbruch der Dunkelheit in der Kirche abgehalten.

Dieselben Personen, welche professionsweise sonst das „Hochzeitbieten" besorgen, laden nun auch die ganze Einwohnerschaft der Gegend und Umgegend zum Begräbnisse ein, wobei ebenfalls zuerst ein Spruch gesagt und dann die ortsüblichen Geschenke mit Leichenbittermiene entgegengenommen werden. Naht die Zeit der Beerdigung, so wird der Sarg vor das Haus gestellt, mit brennenden Kerzen umstellt und nochmals eine gemeinsame Andacht für den Verstorbenen verrichtet. Dann heben die 4 nächsten Nachbarsmänner den Sarg auf ein Bernerwägele oder Schlitten, und unter lautem Beten bewegt sich der Trauerzug nach dem die Kirche umgebenden Friedhof, wo vor dem Hauptportal zu Füßen des Missionskreuzes der Sarg niedergestellt wird. Dort erfolgt die erste Einsegnung durch den Geistlichen. Der weitere Verlauf ist wie überall. Nach Schluss der Handlung werden noch 3 Vaterunser und der Glauben für das zunächst Sterbende verrichtet. Dann nahen sich die Leidtragenden und Freunde nacheinander dem Grabe und werfen Erde oder Weihwasser auf den Sarg. Darauf folgt unmittelbar das Seelenamt mit Opfergang. Letzteren eröffnen, gerade wie bei Hochzeiten, die Frauen. In manchen Orten trägt jede dabei eine brennende Kerze. Eine sonderbare Sitte herrscht in Oberwolfach unter den Männern. Sobald die Reihe an diese kommt, setzen die Verwandten und Leichenträger den Hut auf und wallen mit bedecktem Haupte um Altar und Tumba. Beim Opfergang ist jede Familie vertreten. Es handelt sich da tatsächlich, wie auch schon im Hochzeitsspruch der Ladefrau gesagt ist, um *„Gegendienen in Freud und Leid.“*

Trifft das „Gegendienen“ den Mann, dh. hat dieser beim Gottesdienst die Familie zu vertreten, so weiß er es meistens so geschickt einzurichten, dass er gerade zum Opfergang recht kommt.

Nach Schluss des Seelenamtes verrichtet der Geistliche vor der mit schwarzem Tuch bedeckten, von brennenden Kerzen umgebenen und reich mit Kränzen geschmückten Tumba die Schlussgebete zum Requiem. Alsdann begeben sich die Anverwandten nochmals ans Grab und verrichten dort unter Tränen ein kurzes Gebet für die Seelenruhe des Entschlafenen. Sodann geht die ganze Gesellschaft ins Wirtshaus zum Leichenschmaus.

ag. *Haus- und Hofsegen* usw. Wird ein neues Hof- oder Wohngebäude erbaut, wird dasselbe vor dem Bezug — auf besondern Wunsch vom Pfarrherrn kirchlich benedizirt. Fast überall aber trifft man an den Türen (auch Stall- und Kellertüren) außen die Buchstaben angeschrieben K. M. B. = Kaspar, Melchior und Balthasar. Innen, an der Zimmer- oder Kammertüre hängt oft in grellen Farbentönen der „göttliche Haussegen“ oder auch der Jakobssegen, Johannissegen usw., wie sie der den Hof besuchende Hausirer gerade mit sich führt. Beim Verlassen der Wohnung besprengt man sich mit Weihwasser, das in einem blechernen oder porzellanenen Gefäße sich nächst der Türe befindet.

„Bhüete Gott!“ und „Schaffets guet!“ ruft die Bäuerin dem weggehenden Bauern oder abreisenden Fremden zu.

An manchen Häusern befinden sich auch noch Inschriften, Kruzifix-, Marien- oder Heiligenstatuen, besonders St. Wendelinusbilder.

b. *Tiere.* Pferde („Ross") finden sich dem Bedarf entsprechend auf allen Höfen und auch in solchen Häusern, deren Besitzer der Fuhrwerksberufsgenossenschaft angehören. Als besondernSchmuck tragen die Pferde mitunter ein Dachsfell, nebst Kamm und Fettbüchse am Kummet. Beim erstmaligen Austrieb auf die Weide wird im Stall eine geweihte Palme angezündet und unter dem Spruche: „Der Segen des Herrn soll uns gnädig sein!" das Vieh mit einer geweihten Birkenrute oder drei „Häscle Zieme" zum Stall hinaus auf die Weide geführt.

c. *Aecker.* Wenn der Bauer mit dem Sack auf dem Felde steht, so betet er vor dem Säen zuerst ein Vaterunser. Dasselbe gilt jedoch auch bei den meisten sonstigen Verrichtungen, seien es Hoch- oder Tiefbauten, indem der Unternehmer und die Arbeiter vor der Arbeit eine kurze Andacht verrichten.

Das Säetuch spinnt die Bäuerin im Hause. Auch macht die Bäuerin, wenn sie Tränke in den Stall bringt, zuerst drei Kreuze darüber, damit die Hexen nichts verderben können.

Desgleichen befindet sich im Stall ein geweihter Palmbüschel als Schutzmittel gegen Krankheiten. Von diesem Palmbüschel wirft man bei schweren Gewittern auch etwas ins Feuer, damit der Blitz nicht einschlägt. Auch ist ein solcher Weihbüschel ähnlich wie die Namenszüge K. M. B. gut gegen böse Wesen.

Vom Wolf (in Fruchtäckern) behauptet man, „er bringt keine Körner in die Ernte" (gilt soviel als Mehltau). Die letzte Garbe hat mitunter auch die Benennung Sichelhenke. Das zuletzt zusammengerechte Heu wird im Gras-, (Laub- oder Heu-)tuch an den Wiesbaum gehenkt und heißt gemeinhin „Heukatz."

Spruch beim Flachs- und Hanfbrechen.

„Ich zettle dem Herrn die Stengel,
Er liegt mir am Herz wie ein Engel,
Ich lasse ihn nit nebe naus,
Bis er zahlt einige Pfennig heraus!"
    oder:
„Es geht ein Reisender wol über das Land,
Ich zettl ihm Stengel in Ehren
Und hoffe, er werde mit gütiger Hand
Ein Markstückchen mir wol verehren!"

Solcherlei Verse spricht irgend ein Mädchen beim Hanfbrechen, indem es sich bei Herankunft eines Fremden auf die Straße begibt und so lange Stengelabfälle zettelt, bis er ihr irgend ein kleines Geschenk verabreicht.

d. *Unglückstage.* Wer auf einen dieser Tage geboren wird, ist zeitlebens zu Unglück und Armut verurteilt; das Gleiche geschieht dem, der sich an einem so verrufenen Tag verlobt oder verheiratet; noch schlimmer ist gar derjenige daran, welcher an einem solchen Tag krank wird. Vorsichtshalber soll man an solchen Tagen auch nicht reisen, nicht handeln, weder umziehen (in Schapbach sagt man: „bündeln"), noch Prozesse anfangen; auch solls nicht gut sein, wenn man sich an Maria Verkündigung und an den Aposteltagen (St. Andreas, Simon und Juda) die Ader öffnet.

Absonderlich schlimm aber ist der letzte Montag im April, weil an selbigem Tag Kain seinen Bruder Abel erschlagen habe. Desgleichen der 30. April, weil an diesem Tag Judas Ischariot sich erhängt habe. Als ebenso verrufen gilt dieses Verräters Geburtstag, welcher auf den letzten Montag im November festgesetzt wird. Auch der erste Montag im August ist bedenklich, da an diesem Tage Sodom und Gomorra untergegangen seien.

Solcherlei Unglückstage gibt es im Jahr hindurch viele. Es sind dies:

Der 1. 2. 3. 4. 5. 6. 19. Tag des Monats Januar. Der 2. 11. 16. 17. Tag des Monats Februar. Der 1. 15. 16. 17. 18. Tag des Monats März. Der 1. 6. 9. 10. 14. 30. Tag des Monats April. Der 1. 6. 15. 20. Tag des Monats Mai. Der 1. 4. 7. 27. Tag des Monats Juni. Der 6. 15. 17. Tag des Monats Juli. Der 19. 20. Tag des Monats August. Der 6. 15. 16. Tag des Monats September. Der 4. 6. 15. 16. Tag des Monats Oktober. Der 10. 15. 20. Tag des Monats November. Der 4. 6. 7. 13. 18. 20. Tag des Monats Dezember.

Dies wären also, wie der alte Wagnerlukas in Schapbach behauptete, 51 Unglückstage unter den 365 des Jahres. Aber nicht genug mit diesen. Unsere besorgten Voreltern wussten auch noch besondere Tage und Stunden, worauf ein Todesfall eintreten musste, falls in der kritischen Zeit eine Erkrankung eingetreten. Solcher Hiobstage fielen in jeden Monat 2, und zwar:

Im Januar der 1. Tag, die 11. Stunde und der 25. Tag, die 6. Stunde. Im Februar der 4. Tag, die 8. Stunde und der 20. Tag, die 10. Stunde. Im März der 1. Tag, die 4. Stunde und der 28. Tag, die 2. Stunde. Im April der 10. Tag, die 10. Stunde und der 20. Tag, die 11. Stunde. Im Mai der 3. Tag, die 6. Stunde und der 25. Tag. die 10. Stunde. Im Juni der 10. Tag, die 10. Stunde und der 16. Tag, die 4. Stunde. Im Juli der 13. Tag, die 11. Stunde und der 22. Tag, die 11. Stunde. Im August der 1. Tag, die 1. Stunde und der 31. Tag, die 7. Stunde. Im September der 3. Tag, die 3. Stunde und der 21. Tag, die 4. Stunde. Im Oktober der 3. Tag, die 8. Stunde und der 22. Tag, die 9. Stunde. Im November der 5. Tag, die 8. Stunde und der 28. Tag, die 5. Stunde. Im Dezember der 7. Tag, die 1. Stunde und der 22. Tag, die 9. Stunde.

Montag = Möntig = Heb a. Dienstag = Zischtig = Standfescht. Mittwoch = Bohnetag. Donnerstag = Dunschtig = Specktellerlestag. Freitag = Frittig = Pfiddelestag. Samstag = Samschtig = Freudjuhe! Sonntag = Sunntig = Juhe!

Inhalt.

Schapbach und seine Bewohner von J. J. Hoffmann (mit Tafel)

	Seite
1. Ortsname	1—2
2. Flurnamen	2—4
3. Familien- und Taufnamen	4—6
4. Hausbau	6—11
5. Hausmarken	11
6. Volkstracht	11—13
9. b. Kinderreime	19—21
9. f. Ortsneckereien	21
11. Sagen	22—34
12. Sitten und Bräuche	34—50

Schapbacher Hausmarken.

Künstleshof.	Heinersbauernhof.	Ochsenwirtshof.	Hermenarishof.
313 Lad. Morgen.	215 6 M.	321 6 M.	318 6 M.
Bürleshof.	Bächbauernhof.	Hanseleshof.	Giebeleshof.
274 6 M.	230 6 M.	148 6 M.	25 6 M.
Marxenbauernhof.	Zollerhof.	Brüstlehof.	Ferdishof.
288 6 M.	325 6 M.	259 6 M.	434 6 M.
Dreherjörglishof.	Polderhof.	Rinkenhof.	Schmidbauernhof.
29 6 M.	304 6 M.	246 6 M.	137 6 M.